[代々木ゼミナール]

ピラミッド英文法

理解を積み重ねて英文法を身につける

妹尾真則

代々木ライブラリー

は じ め に

～文法とは何か，そしてそれを踏まえた本書の利用法～

　みなさん，こんにちは。代々木ゼミナールで英語を教えている妹尾真則(せのおまさのり)と申します。友だちや家族や生徒たちにはどーどーちゃんと呼ばれているので，どーどーちゃんと呼んでくれてもいいですよ(笑)。

　さて，僕は長年，代々木ゼミナールで英語を教えてきました。その中で自分が学生時代いかに効率の悪いやり方で英語を習っていたかに気づき，従来の英語教育に対してさまざまな疑問を抱くようになりました。

　日本の英語教育は昔に比べて進歩しているとはいえ，依然としてその大半は丸暗記が中心です。ハチマキをしめて単語帳をガツガツ覚えていった，あの悪しき根性主義の受験戦争の時代から，その本質はあまり変わっていません。これだと決して英語をおもしろいと思うようにはなりませんし，だいいち読み書きできるようにはなりません。大学入試が読み書き中心であることを考えると，これはゆゆしき事態です。

　そこで僕は予備校で教えながら，学生時代のいろいろな言語の学習を通してつちかった文法理解をもとに，理解中心の，勉強が楽しくなるやり方を自分なりに開発・実践してきました。そしてそれによって英語の勉強に対するイメージが変わり，多くの生徒が英語の勉強を楽しいと思うようになり，志望校にもどんどんうかっていきました。

僕が予備校で，そして自分の子どもたちに対しても長年教えてきたこの方法をどうしても全国のみなさんに伝えたい，そんな思いからこの本を書きました。

英語の勉強の土台となるもの，それは文法です。しかし，その文法というものが従来の英語教育では誤解されてきました。まず，その誤解を解くことから始めなければなりません。

第1の誤解は「語学は慣れなのだから文法など勉強する必要はない。毎日多くの英語に触れることによって英語は自然に身につくものだ。現にネイティブスピーカーは文法を勉強していないじゃないか。」というものです。

これはまったくの誤りです。

ネイティブスピーカー（母語話者）も当然文法を使っています。だからこそ文法的に正しい文を話し書くことができるし，文法的におかしな文に触れると違和感を抱くのです。

ただ彼らは意識的に文法を勉強したわけではありません。長年，生活の中で英語に触れることによって，文法を無意識に血肉化してきたのです。ちょうど日本人が日本語を身につけたときと同じように。

日本人が英語のネイティブスピーカーのように生活の中で習慣的に，大学入試で要求されるレベルの英文法を身につけようと思えば，アメリカなどの英語圏の国で10年以上，日本語にほとんど触れることなく知的生活を送らなければ無理でしょう。みなさんにはそんな時間をかける余裕も環境もありませんよね。

そんな時間的余裕も環境もない人が外国語を短期間で効率よく学ぶための最強の武器が文法なのです。僕は学生時代にフランス語やドイツ語やスペイン語その他のさまざまな言語を学ぶ中でこのことに気づきました。

第2の誤解は「文法は文法問題を解くためにあるものだ。」というものです。

大学入試に文法問題はほとんど出題されません。国公立大学の二次試験ではご存じのとおりほとんど出題されません。センター試験でもほんの少し出題されるだけでした（センター試験の文法問題と思われているもののほとんどは語い・語法の問題で，純粋な文法問題は少ししか含まれていませんでした）し，それを引き継いだ大学入学共通テストでは一切出題されなくなりました。私立大学でも出題しない大学が多く，出題されたとしても合否にほとんど影響のない程度の分量にとどまっています。

では何のために文法を習うのか。それは**正確に英文を読み書きするため**です。

忘れてはいけません。言語においていちばん大切なものは**意味**です。言語は意味を伝えるために存在します。読むことは意味を理解すること，書くことは意味を理解させることにほかなりません。

　文は単語の集まりです。しかし単語の意味だけで文を読もうとしても意味は正確にはつかめません。なぜなら単語と単語をつなぐしくみがわからないと，単語と単語のつながりによって伝えられる意味が理解できないからです。

　言葉においては意味が命。その意味を正確に伝え理解するために文法が存在するのです。

　みなさんがこの本を読む目的は英文法を正しく理解することですが，それはひとえに正確に英文を読み書きするためのものでなければなりません。そのためにはみなさんの頭の中に英文法の全体が体系として組み込まれることが必要なのです。その体系とは Chapter 0 に出てくる**文法のピラミッド**です。**頭の中に文法のピラミッドを作り上げること**がこの本を読む目的だと言ってもよいでしょう。

　英文読解・英作文の基本としてこの本を読む人は，とりあえず Chapter 0 と文の構造の文法（Chapter 0 参照）を解説した Chapter 1 から Chapter 9 までを読んで理解しておけば，実践的な訓練にスムーズに入れると思います。新学期から新しい塾や予備校に通う人は，その前の春休みや夏休みなどを利用すればよいでしょう。中学校で習う程度のことがわかっているなら，Chapter 0 からChapter 9 までの内容が大筋として身につけば，たいていの英文読解や英作文の授業にはついていけますし，辞書を使って英文の読み書きをすることもできるようになるでしょう。残りの Chapter はその後ゆっくり読めばよいと思います。疑問が湧いたときや時間のあるときに順番など気にせずにランダムに読んでもよいでしょう。**Chapter 0 から Chapter 9 までを理解すれば，「英語の基本は身についた！」ということになります。**

　また，予備校などに通っている人は，文法の授業を受けながら各単元の復習として，そしてさらに理解を深めるために，そのつど対応する単元の Chapter を読むという使い方もできます。学校や予備校の文法の授業をサボってしまったり，途中でついていけなくなってしまったりした人や，大人になってから英語をもう一度学び直したいという人にも本書は大いに役立つはずです。その際にもChapter 0 から Chapter 9 までをとりあえず読んで，その後は辞書を使いながら英文の読み書き，人によっては listening や speaking の訓練に入っていき，それ

と並行して必要に応じて残りの Chapter を読めばよいと思います。

　読み書きのための文法の学習において大切なのは，細かい知識にこだわるのではなく大枠の理解を目指すことです。文法のしくみの全体をひとつの体系として理解し自分のものにすれば，細部や例外は後から自然についてきます。頭の中に文法のピラミッドができていれば，その後に授業で聞いたり辞書で読んだりして得た知識が頭に入りやすくなるのです。

　各 Chapter やセクションの末尾に，その単元の内容のまとめとして Key Points をのせました。頭の中に確固たる体系を作り上げるためには，Chapter やセクションの内容を熟読し，しっかり理解して，Key Points を暗記してから次に進むようにしてください。Key Points は頭にしまわれた内容を引き出すためのインデックスの役割を果たします。Key Points を見るだけでその Chapter やセクションの内容が思い浮かぶ状態が望ましいでしょう。

　各 Chapter やセクションの末尾の Exercise は，その Chapter の内容を定着させるための重要なステップです。各 Chapter やセクションを読み終えたら必ず解いてみてください。その際，記憶に頼るだけではなく，**辞書を使って，本文を読み返しながら，時間をかけて正解しようと試みてください。**そして別冊の解答で答え合わせをし，解説を読んで一通り理解した上で次の Chapter に進むようにしましょう。Exercise の解説には，本冊では言及していない重要な内容も含まれています。本冊と別冊の２つを合わせて本書は完結すると思ってください。

　たまにはさまれる FURTHER EXPLANATION は，説明が少し高度で複雑な部分です。深い部分のしくみを知りたい人のためにのせているので，読み飛ばしてもらっても問題ありません。

　各 Chapter のタイトルの右側には，文法のピラミッド全体におけるその Chapter の位置づけが図で示されています。**文法を体系的に身につけるためには，今自分が学習している分野が全体の中のどの部分にあたるのか，その位置づけを知っていることが重要です。**この図はそれを知る上で役立つはずです。各 Chapter の学習に入るにあたって意識的に確認してください。

　巻末の Chapter Extra「小さいけれど気になるテーマ」では，英文法がある程度身についた人が必ず気になるであろうことをわかりやすく解説しました。学習が進んでいる人向きのものなので，今すぐ読む必要は全然ありません。英文読解や英作文の学習がある程度進んでから，気が向いたら読んでみればよいと思います。

最後に本書の使い方として大事なことをまとめておきましょう。

　本書のとくに前半（〜 Chapter 9）の目的は文法のピラミッドを頭の中に作ることです。そのためには，Chapter やセクションの内容をしっかり読んで理解して，その末尾に Key Points としてまとめられていることを暗記してから次のChapter やセクションに進むようにしてください。赤字の部分を口に出して言えるようにしておきましょう。また後日，巻末にまとめられた Key Points を見るだけで何のことなのかその項目の全体が頭に浮かぶように，本文を何度も読んで理解しておきましょう。

　文法学習は復習がすべてです。時間を見つけては，はしがきも含めて冒頭から読み返してみてください。その際，Key Points などの重要な部分を隠して覚えているかテストしたりして，頭の中の文法のピラミッドを補強していってください。たとえば，本書を読み終えてしばらくたった後に巻末にまとめられた KeyPoints だけを通して読んで，本文の内容が頭に思い浮かばない単元だけもう一度本文を読み返すということもできるでしょう。また，英文読解や英作文の勉強をしていてあいまいな文法事項に出会ったときに，それを調べるために使うのもよいでしょう。その繰り返しによって，頭の中の文法のピラミッドはより強固なものになるはずです。

　本書は1回読んで終わりという性質のものではありません。絶えず手元に置いてことあるごとに調べ，参照し，読み返す中で文法理解は大いに深まるはずです。**この本を辞書といっしょに絶えず持ち歩く英語学習のバイブルにしてください。**

　なお，Chapter 0 からの説明の中でさまざまな新しい概念や用語が出てきますが，新しく出た概念や用語についてはすべて説明します。学校などで習って知っているつもりの概念や用語も僕の説明を読んで一から理解し直してください。

　それでは，あせらず一歩一歩進んでいきましょう。

CONTENTS

　この本を手に取られたあなたはひょっとして英語を苦手としているのかもしれません。数学や理科は理解できるからおもしろいけど，英語はワケがわからん，オレは理系アタマや〜と思っている人もいるでしょう。

　でも考えてみてください。大学受験レベルで文系アタマも理系アタマもありません。要はどのような勉強の仕方をしてきたかなんですよ。

　数学ではみなさんもご存じのように，小学校で足し算引き算などの四則計算を習って，それを土台に中学１年生で文字を使った計算を習います。それから方程式を習って，そしてその後にそれを発展させて連立方程式や２次方程式を習います。微分積分を習うのはその後です。

　このように数学では，**一つひとつ理解を積み重ねる**仕方で習っていきます。

　みなさんの中にはきっと，自分は数学も苦手だと思い込んでいる人もいるでしょう。しかしこれも違います。いま数学が苦手な人は小学校，中学校，高等学校の課程のどこかでつまずいたのです。そのつまずいたところに戻ってそこから正しい順序で自分の理解のスピードで勉強すれば，大学受験の数学など誰にでもできます。

　そう，大切なのは**正しい順序と自分の理解のスピードで一つひとつ理解を積み重ねていく**ことなのです。

　しかし残念なことに，日本の英語教育のかなりの部分は従来からバラバラの事項の丸暗記に終始してきました。品詞の理解もいい加減なうちからいきなり to 不定詞の品詞別の用法を習うとか…。これは数学で言えば，四則計算も方程式も習っていないのにいきなり微分積分を習うようなものです。しかも理解するのではなく丸暗記で…。もちろん英語学習において暗記は重要です。単語や文法事項などを暗記していなければ，スムーズに英語を使いこなすことなどできるはずがありません。ですがその暗記は理解を土台にしたものでなければなりません。

　僕の授業はほとんどが理解です。僕は熟語であろうと慣用表現であろうと，ほぼすべてなぜそのような意味になるのか，その意味の発生のしくみを説明し理解させます。

　こう言うと僕の授業は難しいのではないかという印象を抱く人がいるかもしれませんが，それは違います。理解するほうが実は簡単なのです。丸暗記ではなく

理解することには，**忘れたときに一から考えれば思い出せる**ということと**表現や語順が変わっても応用がきく**ということ，そして何よりも**勉強が楽しくなる**ということの3つの利点があります。

　それでは，英文法において一つひとつ土台から理解を積み重ねていく勉強法とは何か。僕はそれを**文法のピラミッド**と名づけました。

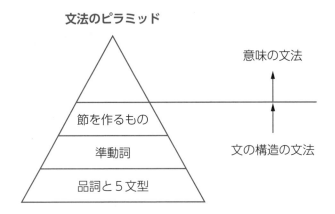

文法のピラミッド

　上の図にあるように，文法のピラミッドの下から3段を**文の構造の文法**と呼びます。文型や修飾・被修飾関係(かかる・かかられる関係)などに関わる文法です。この3段をまず身につけることによって，後は辞書さえあれば最低限の英文は読み書きできるようになります。

　4段目から上は**意味の文法**といって，比較，仮定法など意味の変化に関わる文法です。

　英文法の勉強では，全体のイメージを頭に描いておくことが非常に重要になります。上の図を何度もしっかり見て，イメージとして頭にたたき込んでおいてください。

　さて，文法のピラミッドが何なのかわかったいま，はしがきの内容と重複しますが，もう一度本書の利用法を今度は箇条書きであげておきます。本書を有意義な英語学習のツールとして役立てる上できわめて重要なことだからです。

1．本書のとくに前半部 (〜 Chapter 9) の目的は文法のピラミッドを頭の中に作ること。
2．そのためには，Chapter やセクションの内容をしっかり読んで理解し，Key Points (とくにその赤字部分)を口に出して言えるくらいまで暗記してから

次に進む。

3．後日，巻末にまとめられた Key Points を見るだけで，何のことなのかその単元の全体が頭に浮かぶように，本文を何度も読んで理解する。

　もちろん最終的には Key Points だけでなく，Chapter やセクションの内容を細部にわたるまで暗記するのが理想でしょう。それは日頃の勉強の中でこの本を何度も読み返したり，調べるのに使ったりしながら徐々に達成されることです。まず目指さなければならないのは理解です。しっかり理解しながら読んでいるか絶えず自問しながら，ときには冒頭に戻って読み返しながら読み進めていきましょう。**土台となる理解があって初めて，上にのるものが理解できるのです。**いちど理解したものは頭の中の無意識を含めたどこかに蓄積されているはずです。Key Points の暗記はその理解を頭の中から引き出すための見出しのようなものです。

　Chapter 0 の Key Points は以下のものです。しっかり頭にたたき込んでから，次の Chapter に進んでください。

☞ Key Points

- ■ 英語学習では，土台から一つひとつ理解を積み重ねることが大切。
- ■ 文法のピラミッドの１段目は品詞と５文型，２段目は準動詞，３段目は節を作るもの。ここまでが文の構造の文法，４段目から上が意味の文法。

文法のピラミッドの1段目は,「品詞と5文型」です。ここで文法全体の大枠が与えられます。

1 品詞とは

品詞とは簡単に言えば,言葉の持つ役割のことです。品詞には,名詞,代名詞,動詞,形容詞,副詞,接続詞,前置詞,間投詞などさまざまなものが存在しますが,重要なのは**名詞,形容詞,副詞**の3つです。この3つが文の構造の文法(文法のピラミッドの下から3段のことです!)全体の枠組みになっています。この3つのことを,**基本3大品詞**と呼ぶことにします。

まず,この基本3大品詞の用法を,丸暗記ではなく徹底的に理解して頭にたたき込んでおくことが重要になります。

この場合の理解とは,具体例が言えることです。一つひとつの用法に対して与えられている例を参考に,自分でも独自の具体例を頭に思い描いてみましょう。

◻ 名詞

名詞は,ものの名前を表し,文中では **S,O,C,前O,同格**の5つの役割を果たします。

S,O,Cについては知っている人もいるかもしれませんが,後でくわしく説明します。

前Oとは,前置詞の目的語,つまり前置詞の後に続く名詞です。

例 to school「学校へ」の school,at home「家に」の home

同格とは,名詞の後に名詞が続き,後の名詞が前の名詞の具体的説明になっている場合のことです。

例 my friend, John「僕の友達のジョン」

◻ 形容詞

形容詞の用法は,**名詞にかかる**と **Cになる**です。

5

名詞にかかる場合，原則として 1 語の場合は前から， 2 語以上の場合は後ろからかかります。

> **例** a white house「白い家」
>
> a glass (full of water)「水でいっぱいのグラス」
>
> She is happy.「彼女は幸せだ。」
> 　　　 C

形容詞の用法は，**前から後ろから C** と覚えましょう。

□ 副詞

副詞の用法は，**動詞，形容詞，副詞にかかる**です。

> **例** She runs fast. 「彼女は速く走る。」（動詞にかかる）
>
> She is very happy. 「彼女はとても幸せだ。」（形容詞にかかる）
>
> She runs very fast. 「彼女はとても速く走る。」（副詞にかかる）

さて，ここで「かかる」という言葉が出てきました。「**かかる**」とは「**修飾する**」とも言いますが，本書では簡単に「かかる」という言葉を使います。

では，「かかる（修飾する）」とはどういう事態のことを言っているのでしょうか。日本語で考えてみましょう。

「家」という名詞は，世の中のすべての家を表しますね。これに「白い」という形容詞がかかると，「白い家」となります。するとどうですか。「白い家」という言葉が表すものは，単に「家」と言った場合に比べて，その範囲がせばまっていますよね。このように，ある言葉が別の言葉に「かかる」ことによって，その「かかられた」言葉の表す対象の範囲はせまくなるのです。

副詞の場合も同様です。「走る」と言う場合，世の中のすべての走る行為を表すのですが，これに「速く」という副詞がかかると「速く走る」となって，それに該当する「走り」の範囲は，単に「走る」と言う場合に比べてせばまります。

このように，「かかる（修飾する）」ことによって，「かかられる（修飾される）」ものの範囲はせばまるのです。このことをよりはっきり表す言葉として，「かかる（修飾する）」の代わりに「**限定する**」という言葉が使われる場合もあります。

ここで形容詞と副詞の考え方がしっかり身についているか，実際の英文を使っ

て確認しておきましょう。

　みなさんの中には英語を習いたての人も多いと思います。辞書を使いながら自由に解いてみてください。ここでは形容詞と副詞の概念を実感してもらうことが目的です。どうしてもわからない部分は，別冊解答にある全訳を参考にして解いてもらってもかまいません。

Exercise 1

　次の文章の下線部(1)〜(8)が形容詞の役割をしているか，副詞の役割をしているか，それぞれ指摘しなさい。

---

　(1)Last Sunday, when I was walking on the street (2)in front of my house, I saw a very strange man. He was wearing (3)some colorful kimono, (4)singing a song very loudly, (5)which I have never heard before. He was carrying a traditional Japanese umbrella even though the weather was perfectly clear (6)with no sign of rain at all. He was walking toward me. (7)When he was about to pass me, he stopped walking, smiled at me, and said, "A dragonfly on your head!" Suddenly a dragonfly flew away from my head. It was really beautiful. Then I do not know why, but I felt (8)happy. He smiled again and walked away.

　基本3大品詞の用法が理解できましたか。名詞の用法は**S，O，C，前O，同格**，形容詞の用法は**前から後ろからC**，副詞の用法は**動詞，形容詞，副詞にかかる**です。

　実は，厳密に言うと名詞の用法は他にもあります。形容詞の用法にも実は例外があります。副詞にもここにあげた以外に，文修飾副詞などの用法があります。しかし，今はとにかくこの基本の骨組みをしっかり押さえて，例外は出てきたときにそのつど勉強していきましょう。とくに文修飾副詞はすぐに出てきますので，そのときにくわしく説明します。

Key Points

- 基本3大品詞は名詞，形容詞，副詞。
- 名詞の用法は，S，O，C，前O，同格。
- 形容詞の用法は，名詞にかかるかCになる。前から後ろからC と覚える。
- 副詞の用法は，動詞，形容詞，副詞にかかる。

2 文中での役割

　基本3大品詞（名詞，形容詞，副詞）と動詞が文に入ると，**S，V，O，C，㊥(ケイ)，㊙(フク)** の6つの役割にわかれます。S，V，O，Cの4つのことを，文を作る材料という意味で**文の要素**と呼びましょう。この4つが文の構造の骨組みを作ります（**3**参照）。また，㊥，㊙の2つは修飾語です。修飾語は英語では modifier ですので，その頭文字を取ってMで表します。

　さて，文の要素では，㊥，㊙という記号を使って基本3大品詞の説明のところで出てきた「形容詞」「副詞」と区別していますが，基本的な役割は同じです。ただし基本3大品詞のところで，形容詞にはCになる用法があると言いましたが，それを表す文中での役割はあくまでもCです。したがって，文中での役割としての㊥は名詞にかかる役割のみを表します。

　誤解を恐れずにおおまかに言うと，品詞は言葉そのものの役割です。それに対して文中での役割は文字通り文中での役割，文に入って初めて成立するものです。

　品詞と文中での役割には重なる部分も多く，紛らわしいように思われますが，このように2段がまえにすることによって実は理解しやすくなる部分が多いことが，だんだんわかってくると思います。

3　5文型

◉ 5文型はなぜ大学入試に出題されないの？

　多くの人が中学か高校で5文型を勉強しますよね。それもほとんどの場合，その意味など考えることなく，ただ教科書にのっているからとか，定期テストに出るからという理由で。では，大学入試ではどうでしょうか？　たとえば簡単な例文をいくつかあげて，その文型をマークシートに数字で答えさせるような問題は簡単に作れるはずだし，受験生の5文型に対する理解も簡単に試せるはずです。

　しかし実は，大学入試では5文型そのものが問われることはほとんどないのです。

　なぜでしょう？

　それは，5文型など英語には存在しないからです。

　こう言うと，「ハァ？　現に英語の授業で習うやん。どういうことなん？」と思いますよね。でもね，5文型など実は存在しないんですよ。

　いいですか。コンピューター言語などの**人工言語**（artificial language）に対して，英語やフランス語，日本語などの言語は**自然言語**（natural language）と呼ばれます。

　自然言語は自然に生じた言語であり，そこには何の切れ目も存在しません。1つのつながった全体です。現に母語話者（ネイティブスピーカー）は文型に分けることなく，自然に言語を身につけます。しかし外国人が言語を意識的に勉強する場合，ある程度類型化されているほうが勉強しやすいですよね。

　ちょうど種々雑多なセキツイ動物（背骨のある動物のことです）を，人間が決めた勝手な基準にもとづいて，魚類，両生類，爬虫類，鳥類，哺乳類の5つに分類しているのに似ています。そのほうがわかりやすいのです。

だから5つである必要もありません。実際，5文型以外にも6文型，7文型，8文型，24文型，25文型，そして80文型というものまで存在します。いくつに分けようが，わかりやすければよいのです。細かく分けたほうが正確なのは事実ですが，覚えにくくなり，その分使いづらくなります。そこで比較的覚えやすく使いやすい5文型が一般に使われているのです。

　これでわかりましたね。5文型が大学入試に出題されない理由が。本来，英語自体の持つ性質ではない5文型が入試で出題されたとしたら，どうなりますか？どこかのマニアックな高校が24文型を採用していたとしたら，試験会場でこんな質問が出るかもしれません。「すみませーん，第16文型はどうやってマークするんですか？」と。会場は大混乱に陥るでしょう(笑)。

◉ 道具としての5文型

　このように，5文型は英語に本来備わっているものではありません。よって大学入試にもほとんど出題されません。だから勉強しなくてもよいと言う先生たちまでいます。

　しかし，それは違います。

　たとえば，オムレツを作るコンテストを考えてみましょう。誰がいちばんおいしく，見た目も美しいオムレツを作るか。この場合，審査員はできたオムレツを見たり食べたりして採点するわけで，道具として使われたフライパンを見るわけではありません。しかし表面がなめらかで熱伝導のよいすぐれたフライパンがなければ，よいオムレツを作ることはできません。

　5文型も同じです。たとえ試験で5文型の理解が直接問われないとしても，5文型が身についているかどうかで英語の読み書きの結果に大きな差が出ます。いやそれ以上に，試験にいたるまでの日々の受験勉強でも，5文型が身についているかいないかで学力の伸びがまったく違います。

　考えてみれば，これは5文型だけでなく文法学習一般について言えることですね。最近の大学入試では文法問題はほとんど出題されません。たとえばセンター試験が大学入学共通テストにかわって文法問題は一切出題されなくなりました。だからといって文法を勉強しなくてもよいかというとそんなことはありません。その辺の事情はすでに「はじめに」でくわしく書いています。

　外国人が短期間で意識的に英語を身につけようとする場合，5文型が大いに力を発揮するのです。もちろんそのためには，単なる丸暗記ではなく，これをしっ

かり理解しておくことが必要になるのは言うまでもありません。

5文型

(I) S V

He goes <u>to school</u>.
S   V   M
「彼は学校へ行く。」

(II) S V C

She is happy.
 S V   C
「彼女は幸せだ。」

(III) S V O

I eat bread.
S V   O
「私はパンを食べる。」

(IV) S V O₁ O₂

She gave me <u>a book</u>.
 S   V   O₁   O₂
「彼女は私に本をくれた。」

(V) S V O C

She made me happy.
 S   V   O   C
「彼女は私を幸せにしてくれた。」

※2語以上のかたまりは下線を引いて示しています

● **第1文型(I)**

　SとVの2つの文の要素しか持たない文型です。**「SはVする」**という基本的な意味の形式を持ちます。

　Sは subject の頭文字で，**主語**を表します。「〜は，〜が」にあたる文の中心となるものです。Vは verb の頭文字で，**動詞**を表します。「〜する，〜である」にあたるものです。

　上の例文 He goes to school. では，to school はVにかかる副詞で，M(修飾語)です。

　例文をいくつかあげておきましょう。

I never go there <u>with him</u>.
S　M　V　M　　　M
「私は決して彼といっしょにそこに行かない。」

She <u>will come</u> <u>to see</u> me tomorrow.
　S　　V　　　　M　　　　M
「彼女は明日私に会いに来るだろう。」

<u>Until she leaves</u>, I am <u>going to stay</u> here.
　　　　M　　　　S　　V　　　　M
「彼女が去るまで，私はここにいるつもりだ。」

He was home <u>at that time</u>.
S　V　M　　　M
「彼はそのとき家にいた。」

● 第2文型（Ⅱ）

　SとVとCの3つの文の要素を持つ文型です。**「SはCである」**という基本的な意味の形式を持ちます。

　Cは complement の頭文字です。complement のもともとの意味は「完全（complete）にするもの」です。前ページの例文 She is happy. において，is という動詞はそこでピリオドを打って文を終わらせることのできない不完全な動詞です。She is. だけだと，「彼女は…」となってしまって，聞き手は「彼女がどうしたの？」と続きを期待してしまうことになってしまいます。よって，complement を補って文を完成してあげる必要があるのです。したがって，complement は一般に**補語**と訳されます。

　このように，complement は動詞を補うためのものなのですが，結果的に主語を説明することになります。She is happy. において，happy は She の説明になっています。SとCの間には主語述語関係（「〜は…だ」の関係）が存在するのです。この関係を便宜上S＝Cで表します。

<u>My father</u> remained silent <u>when I said that I would go to China</u>.
　　　S　　　　V　　　C　　　　　　　　M
「私の父は私が中国に行くと言ったとき，黙ったままだった。」

He has been sick for the past two weeks.
S   V   C   M
「彼はこの2週間，具合が悪い。」

The person I was talking to before the class was his sister.
                S   V   C
「私が授業の前に話をしていた人は彼のお姉さんだった。」

You look nice in that sweater.
S   V   C   M
「そのセーターは君に似合っているよ。」

● 第3文型（Ⅲ）

SとVとOの3つの文の要素を持つ文型です。**「SはOをVする」**という基本的な意味の形式を持ちます。

Oは object の頭文字で，**目的語**を表します。object のもともとの意味は「対立するもの」です。すなわち，Sから見て対立するものがOです。対立するものだから当然イコールの関係はありません。したがって，S≠Oとなります。

OはSとイコールではないので，Sから見て「他のもの」です。その「他のもの」すなわちOに働きかける動詞を**他動詞**と呼びます。それに対して，第1文型，第2文型で使われる，「他のもの」すなわちOに働きかけない動詞を**自動詞**と呼びます。第4文型，第5文型の動詞もOを持つので，当然他動詞です。

自動詞	他動詞
Ⅰ S V	Ⅲ S V O
Ⅱ S V C	Ⅳ S V O_1 O_2
	Ⅴ S V O C

自動詞は原則として，「歩く」「走る」「生きる」「死ぬ」「泳ぐ」「笑う」「飛ぶ」など，自分1人でする行為を表します。それに対して他動詞は，「〜を投げる」「〜を食べる」「〜を買う」「〜に会う」「〜と結婚する」など，他のものや人に働きかける行為を表します。みなさんはこれからいろいろな動詞を覚えていかなければなりませんが，その際に動詞の意味と並んで重要になるのが**動詞の語法**です。つまり，その動詞が文の中でどのような使われ方をするかです。その動詞の

語法の出発点が，この自動詞，他動詞です。

　動詞を覚えるときには，まず自動詞か他動詞かを覚えましょう。その際に，「自」や「他」などと覚えるのではなく，「〜を」「〜に」などをつけて訳で覚えればよいのです。buy は「買う」ではなく，「〜を買う」と覚えるのです。

　また，すべての動詞が自動詞か他動詞かのどちらか1つに決まるわけではなく，eat のように他動詞で使われると「〜を食べる」という意味になり，自動詞で使われると「食事をする」という意味になるものなど，自動詞，他動詞の両方で使われるものがたくさんあります。make のように第1文型から第5文型まで，すべての文型で使われるものもあります。あせってすべての語法をひとまとめに覚えようとするのではなく，日頃英語に接する中でそれぞれの語法に出会うたびに，一つひとつ覚えていきましょう。

　次章では，英文を読むにあたって最低限覚えておかなければならない動詞を，その代表的な語法とともに解説します。

例

I do not know where he lives.
S　　V　　　O
「私は彼がどこに住んでいるのか知らない。」

He had a lot of money before he came to Japan.
　S　V　　　O　　　　　　M
「彼は日本に来る前はお金持ちだった。」

If you want to experience real Japan, you should visit Wakayama.
　　　　　　　　　　M　　　　　　　　　S　　　V　　　O
「本当の日本を経験したければ，和歌山を訪れるべきである。」

Keep the change.
　V　　　O
「お釣りはとっておいて。」

▶ 命令文にはSはないが，V以下の構造で文型が決まる。後に述べるが，文型とは動詞の種類である。

14

● 第4文型(Ⅳ)

　SとVとOが2つの4つの文の要素を持つ文型です。「**S は O$_1$に O$_2$を与え
る**」という基本的な意味の形式を持ちます。「Vする」ではなく「与える」と書
いたのは，SからO$_1$へのO$_2$の移動を基本的な意味とするからです。

　これは第3文型SVOに，「～に」にあたるOがついただけのものです。「…
を」にあたるO$_2$を**直接目的語**，「～に」にあたるO$_1$を**間接目的語**と言います。

　p.11の例文 She gave me a book. は，第3文型の文 She gave a book. に「～に」
にあたる me がついたものです。give の意味は第3文型でも第4文型でも原則と
して「～を与える」です。このように第3文型が第4文型になっても，原則とし
て動詞の意味は変わりません。

　たとえば前ページで make はすべての文型で使われると書きましたが，第1文
型では「向かう，行く」，第2文型では「～になる」，第3文型では「～を作
る」，第4文型では「～に…を作ってあげる」，第5文型では「～を…にする」と
なり，ここでもやはり，第3文型が第4文型になっても，make の意味は原則と
して「～を作る」のままです。

　このように第4文型は第3文型の変形バージョンであって，独立した文型とは
言えません。料理で言えば，第1文型がおすしで，第2文型が天ぷら，第3文型
がカレーライスだとしたら，第4文型はカツカレーみたいなものです(笑)。第4
文型は第3.5文型くらいに思って，頭の中で(　)に入れて理解しておいてくださ
い。

例

He did not tell me what I wanted to know.
　S　　V　　O$_1$　　O$_2$

「彼は私が知りたいことを教えてくれなかった。」
▶ 関係代名詞 what「～もの，こと」が使われている(p.80参照)。

Will she give me that book?
　V　S　　O$_1$　O$_2$

「彼女は私にあの本をくれるだろうか。」
▶ この疑問文では助動詞 Will が V の役割をしている。

I taught her German because she asked me to.
S　V　O₁　O₂　　　　　M

「私は彼女に頼まれたので，彼女にドイツ語を教えた。」

▶ 文末の to は to teach her German の teach her German が省略されて to だけが残ったもの。これを**代不定詞**という。

The students were asking me many questions in the classroom.
　　　　S　　　　V　　O₁　　O₂　　　　　M

「学生たちは教室で私にたくさんの質問をしていた。」

● 第5文型（V）

S，V，O，C の4つの文の要素を持つ文型です。**「S は O を C にする」**という基本的な意味の形式を持ちます。

p.11 の例文 She made me happy.「彼女は私を幸せにしてくれた。」を見てみましょう。第2文型と違って，ここでは happy は O である me の説明になっています。O と C の間には主語述語関係（「〜は…だ」の関係）が存在します。この関係を便宜上 O=C で表します。

例 **We found that room really nice.**
　　　S　V　　O　　　C

「私たちはあの部屋が本当にすてきだと思いました。」

I will have him call you back.
S　V　　O　　C

「彼にあなたに電話をかけさせます。」

His wife forced him to stop smoking though he did not want to.
　　S　　　V　　O　　　C　　　　　　M

「彼の妻は彼の意に反して，彼に無理やり禁煙させた。」

▶ 本書では，VO to 〜の語法を持つ動詞を，O と to 〜に主語述語関係があることから，VOC とみなす。文末の to は代不定詞で，その後に stop smoking が省略されている。

He had his wallet stolen.
S　V　　O　　C

「彼は財布を盗まれた。」

16

　ここで，今まで見てきた基本的な5文型の考え方が実際に英文を読む際にどう役立つのか，もう少し長めの例文を使って具体的に見ながら5文型の理解をさらに深めていきましょう。

例1 **When I was in elementary school, he often told me stories which I could never believe.**
「私が小学生の頃，彼はよく私に私が決して信じることのできないような話をしてくれた。」

　When I was in elementary school は文の動詞 told にかかる副詞の役割をしています。elementary school「小学校」。he は文の主語。often も文の動詞 told にかかる副詞です。me は「〜に」にあたる O_1 で，stories which I could never believe は「〜を」にあたる O_2 です。which I could never believe は関係節（Chapter 9 参照）で，stories にかかる形容詞にあたるものなので M ととらえてもかまいませんが，ここではそれを含め，一番大きくとらえて stories から believe までを O_2 として示しました。

　よってこの文は以下のように構造分析できます。

　　When I was in elementary school, he often told me stories which I could
　　　　　　　　　M　　　　　　　　　　　S　　M　V　O_1　　　O_2

never believe.

例2 **He was talking to someone I did not know, so I just passed by without saying anything.**
「彼は私が知らない人と話をしていた。だから私は何も言わずにただ通りすぎた。」

　全体は等位接続詞 so（p.62参照）の前後で2つの部分にわかれます。

　前半部において，He は文の主語，was talking は V です。to someone I did not know は V にかかる副詞で，I did not know は someone にかかる関係代名詞が省略された関係節（p.85参照）です。was talking to を V，someone I did not know を O として第3文型ととらえてもかまいません。最初に書いたように，この英文自体が本質的に文型を持っているわけではなく，英文に文型をあてはめることによって構造を理解しやすくするのが目的なのですから，整合性が保たれていて，わかりやすければよいのです。よって2通りの分析ができます。

後半部において，I は文の主語，just「ただ」は V にかかる副詞，passed by は
V です。pass by「通りすぎる」。without saying anything は V にかかる副詞で
す。passed by の by は「そばを」という意味の副詞なので，passed を V，by を
M としてもかまいません。

　構造を分析すると以下のようになります。

He was talking to someone I did not know, so I just passed by without
S　　V　　　　　　　M　　　　　　　　S　M　　V　　　　M

saying anything.

> ▶ 形式的には大文字からピリオドまでが 1 つの文であるが，等位接続詞（p.62参照）の前後
> は実質的には独立した 2 つの対等な文なので，それぞれの SV ～の構造分析を示した。

◉言葉の大きさ

　ここで，言葉の大きさについて勉強しておきましょう。

　この章では品詞や 5 文型を学んできましたが，このような「文の構造の文法」
は基本的に言葉の役割の勉強です。それに対して言葉の大きさというものがあり
ます。言葉の大きさとは，**語・句・節**のことです。

・語…（1 語のこと）one, yesterday, it, pineapple, love など。
・句…（2 語以上のかたまり）my friend, on the other hand, beside my house など。
・節…（SV を含むかたまり）I think that he is happy. の下線部など。

　この that は接続詞です。that で始まるかたまりの中には，he is という SV が
含まれています。一般に節の頭には**接続詞・関係詞・疑問詞**のうちのどれかがつ
きます。これら 3 つを**節を作るもの**と呼びます（Chapter 8 参照）。

　たとえば，p.17の例 1 において，When I was in elementary school は SV を含
んでいるので副詞節です。often は 1 語なので単なる副詞。which I could never
believe は SV を含む形容詞なので形容詞節です。

　人間の作る会社組織の中に社長や部長，課長などいろいろな役割があるよう
に，英文の中にも S，V，O，C，㊫，㊙という役割があります。そして同じ
社長でも，大柄な社長，中肉中背の社長，小柄な社長などいろいろな体格を持つ
社長がいますが，体の大きさが変わったからといって仕事の内容が変わるわけで
はありません。それと同じように，主語にあたるものが長かろうが短かろうが，
文法的役割は変わらないのです。

　したがって，文中での 6 つの役割と 3 つの言葉の大きさより，次の17の要素か

ら文が作られていることがわかります。

	S	V	O	C	形	副
語	○	○	○	○	○	○
句	○	○	○	○	○	○
節	○		○	○	○	○

●文

文の構造の面から文を一般化すると次のようになります。

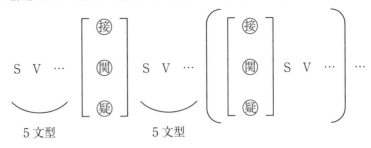

5 文型のうちのどれかの文型からなる SV …のかたまりが節を作るもの（接関疑）によって結ばれ，それが連鎖しています。SV …のかたまりが 1 つのとき，節を作るものは 0 個，SV …のかたまりが 2 つのとき，節を作るものは 1 つ，SV …のかたまりが 3 つのとき，節を作るものは 2 つです。節を作るものの数は SV …のかたまりの数よりも常に 1 つ少なくなります。この構造に長短さまざまな形副がつき，一見複雑な文が形作られます。

Exercise 2

次の(1)〜(5)の各文の文型を答えなさい。

(1) Our teacher, Brian, talked about his mother, who had traveled to Africa many times.

(2) I found it difficult to cross the channel in this small boat.

(3) I wanted to eat everything that I ordered no matter what happened.

(4) She told me that she wanted to marry me.

(5) Even if he refuses to come here now, he will have to visit me some day.

ここまでの説明ですでにお気づきの方もいらっしゃると思いますが，文型は「文の型」と書きますが，それを決めるのは実は「動詞の型」です。言いかえれば，動詞が文の中でどのような使われ方をしているかによって，文型が決まるのです。これは第3文型の説明のところでも出てきた**動詞の語法**のことです。

文型理解の要は，動詞の語法を知ることです。次章では，基本的かつ重要な動詞の語法について勉強しておきましょう。

Key Points

- 5文型は，第1文型（SV），第2文型（SVC），第3文型（SVO），第4文型（SVO_1O_2），第5文型（SVOC）。
- Cは補語で，第2文型ではS＝C，第5文型ではO＝C。
- Oは目的語で，S≠O。
- 自動詞はOを持たない第1文型，第2文型，他動詞はOを持つ第3文型，第4文型，第5文型。
- 言葉の大きさは語・句・節。

この章では，5文型の理解をさらに深めるためにも，5文型に従ってさまざまな動詞の意味と語法を勉強しましょう。本書では，特徴的な語法の中でまず覚えておかなければならない基本的なものしかあげていません。しかし，無理に覚えようとせず，なるべく辞書を使いながらゆっくり読んでいってください。ただし，太字になっている動詞は基本中の基本ですので，今すぐしっかり覚えておくようにしてください。そして確認用の練習問題に，辞書やこの章の記述をヒントに取り組んでみましょう。

　また，ここに記載していないその他の動詞についても，日頃英文に接する中で辞書を引きながら少しずつ覚えていくとよいでしょう。

　英語の学習に辞書は欠かせません。ここで辞書の使い方について少し述べておきましょう。ある単語を辞書で引いたら，最初に発音記号を見て，発音・アクセントを確認します。次に動詞なら自動詞か他動詞か，名詞なら数えられる名詞か数えられない名詞かを確認しながら，意味と語法(使い方)を辞書の記述に従って調べます。そして例文がついていれば，理解をより具体的にするために参照します。その他，付加的な解説などが書かれていれば，それも読んでおくとよいでしょう。このように時間をかけて自分の力で辞書を読み，深く調べていくチカラが本当の勉強のチカラなのです。

　それでは，まいりましょう。動詞は大きく分けて，**be 動詞**と**一般動詞**に分けられます。

● **be 動詞**

　be 動詞は第1文型では**存在**(ある，いる)，第2文型では**イコール**(〜である)を表します。

・**第1文型**

George is in his room. 「ジョージは自分の部屋にいる。」

・**第2文型**

George is very happy. 「ジョージはとても幸せだ。」

● **一般動詞**

　be 動詞以外のすべての動詞を一般動詞といいます。

第 1 文型で使われる主な動詞

他動詞と間違えやすい自動詞

□ **apologize to ～ for …**「…のことで～に謝る」
□ **arrive at[in] ～**「～に到着する」
□ **get to ～**「～に着く」   □ **graduate from ～**「～を卒業する」
□ **hope for ～**「～を望む」   □ **object to ～**「～に反対する」

I apologized to my wife for being late.「私は遅れたことを妻に謝った。」

We arrived at the station at two in the morning.

「私たちは午前2時に駅に着いた。」

Are you arriving in France tomorrow?

「あなたは明日フランスに到着しますか。」

▶ 駅などの建物のような比較的小さな場所の場合は at，国などの比較的大きな場所の場合は in になる（Chapter14参照）。

He got to the restaurant before her.

「彼は彼女よりも先にレストランに着いた。」

She graduated from Waseda University.「彼女は早稲田大学を出た。」

There is nothing to hope for.「望むものは何もない。」

My parents objected to my going to the Philippines.

「私の両親は私がフィリピンに行くのに反対した。」

注意すべき自動詞

□ **lie「横たわる」**

He lay down on the bed.「彼はベッドに横になった。」

▶ この動詞の過去形は lay，過去分詞形は lain である。この動詞と形や意味の紛らわしい動詞に他動詞の **lay「～を横たえる」**があり，こちらは過去形，過去分詞形ともに laid となる。また，lie「うそをつく」という自動詞もあるが，これは規則変化（原形の語尾に -ed をつけて過去形，過去分詞形を作る）をする。

He laid his bag on the desk.「彼は机の上にカバンを置いた。」

He lied about his grade.「彼は自分の成績についてうそをついた。」

□ **rise「上がる」**

The sun rises in the east.「太陽は東から昇る。」

▶ この動詞の過去形は rose，過去分詞形は risen である。この動詞と形や意味の紛らわしい動詞に他動詞の **raise「～を上げる」**があるが，こちらは規則変化をする。

先ほどの lie「横たわる」, lay「～を横たえる」, lie「うそをつく」と合わせて，

lie, lay, lain

lay, laid, laid

lie, lied, lied

rise, rose, risen

raise, raised, raised

ライレイレイン，レイレイドレイド，ライライドライド，ライズロウズリズン，レイズレイズドレイズドと，声に出して覚えておきましょう。

2 第 2 文型で使われる主な動詞

◎「～のままである」という意味の動詞

□ **remain**　□ keep　□ stay

They remained friends after that.「彼らはその後，友達のままだった。」
The phone kept ringing.「電話は鳴り続けた。」
He stayed calm.「彼はずっと落ち着いていた。」

◎「～になる」という意味の動詞

□ **become**：「～になる」の意味の最も一般的な単語。C は名詞でも形容詞でもかまわない。

He became a doctor when he grew up.「彼は大人になって医者になった。」
He became sick.「彼は病気になった。」

□ **get**：become よりも口語的な単語。C になるのは形容詞のみで，名詞はなれない。

When his sister scratched his car, he got so angry.
「彼の妹が彼の車に傷をつけたとき，彼はものすごく怒った。」

□ grow：徐々に変化していくニュアンスがある。

It grew darker and darker.「だんだん暗くなってきた。」

□ fall：fall は fall ill「病気になる」のように，Cに悪い意味の形容詞が来るのが原則。fall asleep「眠りに落ちる」も，電車の中など本来眠ってはいけない場所で眠ってしまう場合に使うのがもともとの用法だったと考えられるが，今では夜眠る場合にもふつうに用いる。

I can fall asleep easily anywhere.
「私はどこでも簡単に眠りにつくことができる。」

□ go：go のCにも原則として悪い意味の形容詞が来る。

The potatoes went bad.「ジャガイモは腐った。」

□ turn

The traffic light turned red.「信号が赤に変わった。」

□ come：go と反対で，よい意味の形容詞がCに来る傾向がある。

Your dream will come true someday.「君の夢はいつか実現するよ。」

□ run：原則として，Cには悪い意味の形容詞が来る。

Our money is running short.「資金が不足してきている。」

◙ 感覚にうったえる意味の動詞

□ seem「〜だと思われる」　　□ appear「〜だと思われる」
□ look「〜に見える」　　　　□ sound「〜に聞こえる，〜だと思われる」
□ taste「〜の味がする」　　　□ smell「〜のにおいがする」
□ feel「〜のような手触りだ，〜の感じがする」

He seems nervous.「彼は緊張しているようだ。」
▶ seem は話し手の主観に基づいた判断を表す。

Explanation appears necessary.「説明が必要なように思われる。」
▶ appear は外見に基づいた判断を表す。本当のところはどうかわからないということが含意されている。

The dish you cooked looked so good.
「君が作った料理はすごくおいしそうに見えた。」
That sounds good.「それはいいね。」
It doesn't taste good without salt.「それは塩がなければおいしくない。」
This flower smells really sweet.「この花は本当にいいにおいがする。」
The surface feels smooth.「その表面はすべすべだ。」

③ 第3文型で使われる主な動詞

◘ 自動詞と間違えやすい他動詞

☐ discuss「〜について論じる」　　　☐ approach「〜に近づく」
☐ enter「〜に入る」　　　　　　　☐ attend「〜に出席する」
☐ marry「〜と結婚する」　　　　　☐ resemble「〜に似ている」
☐ reach「〜に到着する」　　　　　☐ consider「〜をよく考える」
☐ leave「〜を出発する」　　　　　☐ answer「〜に答える」
☐ obey「〜に従う」　　　　　　　☐ mention「〜を話に出す」
☐ survive「〜を生き延びる，〜より長生きする」　☐ inhabit「〜に住む」
☐ oppose「〜に反対する」

Did they discuss what to do?「彼らはどうすべきか話し合ったのか。」
The old man is approaching ninety.「その老人は90歳近い。」
Don't enter the building.「その建物に入るな。」
Will you marry me?「僕と結婚してくれませんか。」
They resemble each other.「彼らはお互いに似ている。」
You should consider his age.「君は彼の年齢を考慮してあげるべきだ。」
Don't mention my name in front of him.「彼の前で僕の名前を口にするな。」
He survived his wife.「彼は妻に先立たれた。」
My grandfather survived two wars.「私の祖父は2つの戦争を生きのびた。」
Many different birds inhabit the island.
「その島には多くのさまざまな鳥が生息している。」
▶ inhabit は人間や動物の集団がある場所に住(棲)んでいることを表すのに使う。
We opposed the idea.「私たちはその考えに反対した。」

◙ 再帰代名詞を O にとる動詞

☐ seat oneself「座る」　　☐ enjoy oneself「楽しむ」
☐ help oneself to ～「～を自分で取って食べる［飲む］」
☐ devote oneself to ～「～に専念する」
☐ pride oneself on ～「～を自慢する」

She seated herself quietly before the piano.
「彼女は静かにピアノの前に座った。」
Help yourself to the cookies.「クッキーをお召し上がりください。」
She is devoting herself to teaching her son English.
「彼女は息子に英語を教えることに精を出している。」
He prides himself on his ability to speak Spanish.
「彼はスペイン語が話せることが自慢だ。」

◙ [V + O + 前置詞 + ～]の形で使われる動詞

前置詞のおおまかな意味をもとに理解して，それぞれ覚えましょう。一つひと
つの前置詞の持つくわしい意味については，Chapter14で扱います。

① with を使うもの

ここで使われている with は，「～で」「～を」のような，他のものを介在さ
せるイメージです。

☐ provide, supply O with ～「O に～を供給する，与える」
☐ present O with ～「O に～を贈呈する，与える」
☐ furnish O with ～「O に～(家具など)を備える」
☐ trust O with ～「O に～を預ける」
☐ endow O with ～「O に～を授ける」

We provide our customers with everything.
「私どもはお客様のために一切のご用立てをいたします。」
We must supply the refugees with food.
「私たちは難民に食糧を供給しなければならない。」
He presented me with a signed copy of his book.
「彼はサイン入りの自著を私に贈呈してくれた。」
The room is furnished with two beds.「その部屋にはベッドが2台ある。」

Can I trust him with a large sum of money?

「彼に大金を預けても大丈夫だろうか。」

The girl is endowed with genius.「その少女は天分に恵まれている。」

▶ be endowed with ～で「(才能などを)生まれながらに持っている」。

② from を使うもの

from は「～から」という動作の起点を表します。

□ **prevent, keep, stop,** hinder **O from ～ing「O が～するのを妨げる」**
□ **prohibit O from ～ing「O が～するのを禁止する」**
□ **discourage O from ～ing「O が～するのを思いとどまらせる」**

Business prevented me from going to the party.

「私は仕事でパーティーに行けなかった。」

What has kept you from helping her?

「なぜ彼女をまだ助けてあげていないのですか。」

I was hindered from finishing my work by illness.

「病気で仕事を終えることができなかった。」

Our hospital prohibits us from smoking on the premises.

「私たちの病院では敷地内は禁煙になっています。」

The heavy rain discouraged me from going fishing.

「激しい雨が降っていたので，僕は釣りに行くのを思いとどまった。」

③ of を使うもの(その 1)

ここで使われている of は「～について」という意味です。

□ **remind O of ～「O に～のことを思い出させる」**
□ **inform O of ～「O に～のことを知らせる」**
□ **accuse O of ～「O を～のことで告発(告訴)する」**
□ **convince O of ～「O に～のことを確信させる」**
□ **warn O of ～「O に～のことを警告する」**

This picture reminds me of my childhood.

「この写真を見ると私は子どもの頃を思い出す。」

I'm sorry to inform you of his death.

「残念なことですが彼の死をお伝えいたします。」

She accused him of hitting her.「彼女は彼が殴ったと言って告訴した。」

He tried to convince me of his innocence.

「彼は自分が無実であることを私にわからせようとした。」

④ for を使うもの

ここで使われている for は「～のために」（理由，目的）という意味です。

- □ **blame O for ～** 「～のことで O を非難する」
- □ **forgive O for ～** 「～について O を許す」
- □ **excuse O for ～** 「～について O を許す」
- □ **thank O for ～** 「～のことで O に感謝する」
- □ **praise O for ～** 「～のことで O をほめる」
- □ **provide, supply O for ～** 「～に O を供給する，与える」
- □ **fine O for ～** 「～のことで O に罰金を科する」
- □ **punish O for ～** 「～のことで O を罰する」

▶ forgive に比べて excuse は軽い過失を許す場合に使われる。

▶ provide, supply A with B = provide, supply B for A「A に B を供給する，与える」の関係が成り立つ。ちなみに，present A with B = present B to A「A に B を贈呈する，与える」となる。

They blamed Taka for always being late.

「いつも遅れてくることで彼らはタカを責めた。」

Excuse me for being rude. 「無礼をお許しください。」

I praised him for his honesty. 「彼が正直だったので私は彼をほめた。」

They fined me for speeding. 「私はスピード違反で罰金を科された。」

⑤ of を使うもの（その２）

ここで使われている of は「～から」という意味です。このグループの動詞は「何かを取り去る」という基本的な意味を持っており，**奪取動詞**と呼ばれることがあります。

- □ **deprive O of ～** 「O から～を奪う」
- □ **rob O of ～** 「O から～を強奪する」
- □ **clear O of ～** 「O から～を取り除く」
- □ **cure O of ～** 「O の～を治療する」
- □ **strip O of ～** 「O から～をはぎ取る」

▶ of の基本的意味は分離(p.129参照)で，「～から」であるが，ここでは日本語に訳すと「O から」となる。

The accident deprived him of his sight. 「その事故で彼は失明した。」

He was robbed of his bag. 「彼はカバンを奪われた。」

Clear the table of those things before we eat.

「食事の前にテーブルの上のものをどけてちょうだい。」

He tried to cure his daughter of the habit. 「彼は娘の癖を直そうとした。」

The king was stripped of his power. 「王は権力を剥奪された。」

⑥ **into を使うもの**

into は「～の中に」がもともとの意味で，そこから「～に」（変化）という意味も表すようになりました。

□ change, turn O into ～「O を～に変える」
□ translate, put O into ～「O を～に訳す」
□ talk O into ～ing「O を説得して～させる」
▶ talk O out of ～ing「O を説得して～するのをやめさせる」
□ convert O into ～「O を～に変える」
□ transform O into ～「O を～に変形する」
□ divide O into ～「O を～に分ける」

Heat changes snow into water. 「熱が雪を水に変える。」

He talked his mother into coming with him.

「彼は母親を説得していっしょに来てもらった。」

My father converted a bedroom into his study.

「私の父は寝室を1つ自分の書斎に変えた。」

A tadpole is transformed into a frog. 「オタマジャクシはカエルになる。」

⑦ **as を使うもの**

as は「～として」という意味です。

□ regard
□ look on
□ think of 　　O as ～「O を～とみなす」
□ see
□ view
□ define O as ～「O を～と定義する」
□ describe O as ～「O を～だと言う」
□ dismiss O as ～「O を～だとして退ける」

We regard him as fit for the job.

「私たちは彼がその仕事に向いていると考えている。」

He described himself as handsome.

「彼は自分のことをかっこいいと言った。」

They dismissed it as a foolish proposal.

「彼らはそれを愚かな提案だとはねつけた。」

⑧ on を使うもの

on の基本的意味は「接触」です。

□ **impose O on ～** 「O を～に課す」
□ **inflict O on ～** 「(損害・苦痛など)を～に与える」
□ **congratulate O on ～** 「～のことで O を祝う」

The government has imposed a new tax on wine.

「政府はワインに新たな税を課した。」

The storm inflicted serious damage on the city.

「嵐は街に深刻な被害をもたらした。」

We congratulated them on their victory. 「私たちは彼らの勝利を祝った。」

Exercise 3

次の各文(1)～(10)の空所にあてはまる語を，【　】内から選びなさい。また，何も入らない場合は×を記しなさい。

(1) You have to get to the station before it (　　　　) dark.
【 grows, feels, comes, changes, stays 】

(2) The beef she bought a week ago went (　　　　).
【 badly, highly, bad 】

(3) He informed his family (　　　　) his promotion in the company.
【 with, to, from, of 】

(4) They presented a prize (　　　　) the winner.
【 to, for, with 】

(5) Will you marry (　　　　) me?
【 to, when, with 】

⑹ Your sandwich tastes really (　　　　).
【 good, well, happy 】

⑺ I did not know their children (　　　　) inside the school building.
【 are, sit, were 】

⑻ His stubbornness kept us (　　　　) helping him.
【 of, from, prevent, away 】

⑼ It (　　　　) good when you give me a massage.
【 becomes, feels, sounds 】

⑽ We can provide reliable information (　　　　) your company.
【 for, in, at, with 】

④ 第4文型で使われる主な動詞

◻ 第3文型に書きかえるときに，to を使うもの

to の基本的意味は「〜へ」という到達点です。したがって，このグループの動詞は原則として相手まで到達する動作，つまり**相手がいなければできない**動作を表します。

- ◻ give「〜を与える」　◻ lend「〜を貸す」　◻ sell「〜を売る」
- ◻ send「〜を送る」　◻ tell「〜を話す」　◻ teach「〜を教える」
- ◻ offer「〜を提供する」　◻ write「〜を書く」　◻ pay「〜を支払う」
- ◻ take「〜を持っていく，連れていく」
- ◻ bring「〜を持ってくる，連れてくる」
- ◻ owe「〜を負っている」　◻ hand「〜を手渡す」　◻ show「〜を見せる」
- ◻ promise「〜を約束する」　◻ read「〜を読み聞かせる」
- ◻ recommend「〜を勧める」
- ◻ pass「〜を渡す」　◻ leave「〜を残して死ぬ」

He sent me a beautiful picture book. ＜第4文型＞
↓
He sent a beautiful picture book to me. ＜第3文型＞
「彼は私に美しい絵本を送ってくれたわ。」

▣ 第 3 文型に書きかえるときに, for を使うもの

　ここで使われる for は「～のために, ～の方へ」という意味です。for は動作の向かう方向を表しているだけなので, このグループの動詞は原則として**相手がいなくてもできる**動作を表します。

□ buy「～を買う」　　　□ make「～を作る」　　　□ find「～を見つける」
□ sing「～を歌う」　　　□ bring「～を持ってくる」　□ cook「～を料理する」
□ get「～をとってやる」　□ spare「～をとっておく」　□ choose「～を選ぶ」
□ leave「～をとっておく」□ save「～をとっておく」

　　I will sing you a song called "Memory". ＜第 4 文型＞
　　　　　　　　↓
　　I will sing a song called "Memory" for you. ＜第 3 文型＞
　　「君たちに『メモリー』という歌をうたってやろう。」

▣ 第 3 文型に書きかえるときに, of を使うもの

ここで使われる of は「～から」という意味です。

□ ask「～を頼む」

May I ask you a favor? ＜第 4 文型＞
　　　　　↓
May I ask a favor of you? ＜第 3 文型＞
「ひとつお願いをしてもいいですか。」

　▶ favor の意味は「好意」。ここでは「あなたからご好意をもらってもいいですか」がもともとの意味。

⑤ 第 5 文型で使われる主な動詞

▣ 知覚動詞

□ see「～を見る」　　　□ look at「～を見る」　　　□ watch「～を見る」

▶ see は「自然に目に入る」。look at, watch は「見ようとして見る」。watch はとくに「動くもの, あるいは動く可能性のあるものを時間をかけてじっと見る」。

□ hear「〜が聞こえる」 □ listen to「〜を聞く」

▶ hear は「自然に耳に入る」。listen to は「聞こうとして聞く」。

□ feel「〜を感じる」 □ notice「〜に気づく」

V + O + V の原形「O が〜するのを V する」

V + O + 〜ing 「O が〜しているのを V する」

「O が〜しようとしているのを V する」

V + O + pp 「O が〜されるのを V する」

▶ pp は past participle「過去分詞」の略。

I noticed him enter the room.「私は彼が部屋に入るのに気づいた。」

Have you ever heard him singing?

「彼が歌をうたっているのを聞いたことがありますか。」

Have you ever seen a boxer knocked down?

「ボクサーがダウンするのを見たことがありますか。」

◎ 使役動詞

使役の意味を表す動詞はいろいろありますが、本書では補語が動詞の原形になる make, let, have をとくに**使役動詞**と呼びます。

□ make □ let □ have

make O 原形 「O に(無理やり)〜させる」

let O 原形 「O に〜させてあげる」

have O 原形 「O に〜させる, してもらう」

make は O の意志とは関係のない強制力を表します。

Don't make me cry.「私を泣かさないで。」

のように、O の意に添わない場合もあれば、

The news made her really happy.「そのニュースに彼女はたいへん喜んだ。」

のように、結果的に O の意に添う場合もあります。

let は「放っておく」が原義で、好きなようにさせてあげるニュアンスです。

He doesn't let me come in.「彼は私を中に入れてくれない。」

have は、「O が〜する」という状況を S が持つという単なる物理的関係を表します。したがって文脈によって(S と O の関係によって)、「させる」や「してもらう」など、いろいろな意味になります。一方、make を使うと「O が〜する

のをいやがっている」，let を使うと「Ｏが～したがっている」ということが含意
される場合がよくあります。それを避けるために，Ｏの気持ちがわからないとき
やＯの気持ちを言いたくないときは往々にして have が使われます。次の例がそ
うです。

　　Have him call me tomorrow.「明日彼に私に電話させて。」

　知覚動詞や使役動詞（make, let, have）以外で，［Ｖ＋Ｏ＋Ｖの原形］の語法をと
る動詞に **help** があります。help には，help O to ～もあります。

　　He helped me（to）do my homework.「彼は僕の宿題を手伝ってくれた。」

　また，make と have には，［Ｖ＋Ｏ＋pp］の語法もあります。

make Ｏ pp「Ｏを～させる」

I managed to make myself understood in Chinese.
「私はなんとか中国語で言いたいことをわかってもらえた。」

have Ｏ pp　①　Ｏを～させる，してもらう　（使役）

　　　　　　　②　Ｏを～される　　　　　　　　（受身）

　　　　　　　③　Ｏを～してしまう　　　　　　（完了）

▶ ③は自分ですることを表す。

　①　I had my car repaired last month.「私は先月，車を修理してもらった。」

　②　I had my wallet stolen.「私は財布を盗まれた。」

　③　I have to have my homework done by tomorrow.
　　　「私は明日までに宿題をやってしまわなければならない。」

🔲 ［Ｖ＋Ｏ＋to 不定詞］の形で使われる動詞

☐ tell「Ｏに～するように言う」　　　　☐ ask「Ｏに～するように頼む」

☐ expect「Ｏが～すると思う」　　　　☐ order「Ｏに～するように命じる」

☐ teach「Ｏに～することを教える」　　☐ allow, permit「Ｏに～するのを許す」

☐ enable「Ｏが～できるようにする」　☐ encourage「Ｏを～するように励ます」

☐ persuade「Ｏを説得して～させる」　☐ want「Ｏに～してほしい」

☐ advise「Ｏに～するように忠告する」☐ cause「Ｏに～させる」

- [ ] force「O に無理やり〜させる」　　　- [ ] request「O に〜するように頼む」
- [ ] require「O に〜するように要求する」

I told him to stay there.「私は彼にそこにいろと言った。」

Are we allowed to smoke here?「ここで煙草を吸ってもいいのですか。」

His large income enabled him to live in comfort.

「彼は収入が多かったので楽な生活をすることができた。」

You are kindly requested to fasten your seat belt.

「どうかシートベルトをお締めください。」

He was required to come to the police.

「彼は警察に出頭するように求められた。」

🔲 補語が名詞または形容詞になる動詞

- [ ] consider「O を C だと思う」　- [ ] find「O を C だと気づく」
- [ ] keep「O を C にしておく」　- [ ] call「O を C と呼ぶ」
- [ ] name「O を C と名づける」　- [ ] leave「O を C のままにしておく」
- [ ] think「O を C だと思う」　- [ ] choose「O を C に選ぶ」
- [ ] elect「O を C に選ぶ」　- [ ] paint「O を C に塗る」
- [ ] appoint「O を C に任命する」

I find this book easy.「私はこの本を簡単だと思う。」

Call me Dodo-chan.「僕をどーどーちゃんと呼んでくれ。」

He left me alone.「彼は私を一人にした。」

Who was chosen chairperson?「誰が議長に選ばれたの。」

Hillary wasn't elected president.「ヒラリーは大統領に選ばれなかった。」

The government appointed Mr. Grenell ambassador to Germany.

「政府はグレネル氏をドイツ大使に任命した。」

▶ chairperson「議長」や president「大統領」や ambassador「大使」などの唯一の職務を表す名詞が補語になるときは無冠詞であることが多い。

次の各日本語文(1)～(8)の意味を表す英文となるように，後に続く英文の空所にあてはまる語を記しなさい。

- -

(1) 赤ちゃんを泣いたままにしておくな。

Don't leave your baby (　　　　).

(2) 彼女は自分の名前が呼ばれるのを聞いたとき，喜びのあまり叫んだ。

She shouted with joy when she heard her name (　　　　).

(3) 僕は彼らに魚を残しておいてと頼んだ。

I asked them to save some fish (　　　　) me.

(4) 彼らは明日何をやると思いますか。

What do you (　　　　) them to do tomorrow?

(5) 父はもう一度やってみるように私を励ましてくれた。

My father (　　　　) me to try again.

(6) 僕は子どもたちがサッカーをしているのを見た。

I saw children (　　　　) football.

(7) なぜ君はそんなことをやったんだ？

What (　　　　) you do that?

(8) 君と一緒にいさせてくれないか。

Will you (　　　　) me be with you?

Key Points

- 動詞には be 動詞と一般動詞がある。
- be 動詞の意味は，存在とイコール。
- 次の動詞の変化，lie(ライレイレイン), lay(レイレイドレイド), lie(ライライドライド), rise(ライズロウズリズン), raise(レイズレイズドレイズド)をまとめて言えるようにしておこう。
- 使役動詞は make, let, have 。
- 第5文型でCに動詞の原形がくるのは，知覚動詞，使役動詞，help 。

Chapter 3 準動詞とは

　当たり前のことですが，動詞は文中では原則として V として現れます。

　たとえば日本語で「食べる」という動詞を例にとってみましょう。この動詞は，「僕はおすしを食べた。」「私たちは新しくできた角のイタリアレストランでお昼ごはんを食べた。」などと文中において V として現れるのがふつうです。

　しかしそれとは別に，「食べる」という動詞は「私は食べることが好きだ。」「僕は天ぷらそばを食べるためにここに来たのだ。」のように，V 以外の姿で文中に現れることがあります。前者の文では「食べること」と名詞として，後者の文では「食べるために」と副詞として現れています。

　このように日本語では，本来動詞であるものの品詞を変えるときに「〜こと」「〜ために」などとしますが，英語でこの役割を担うものが**準動詞**なのです。

　準動詞とは，本来動詞であるものを基本3大品詞に役割変換するためのものです。

　準動詞には，**不定詞・分詞・動名詞**の3つがあります。

▶ 後述するが，不定詞には動詞の原形のままの**原形不定詞**と，to ＋動詞の原形で表される **to 不定詞**の2つがある。ここで言う不定詞とは to 不定詞のこと。

　文中での役割（S，V，O，C，㊒，㊐）の視点からこの現象をとらえ直してみると，次ページのようになります。

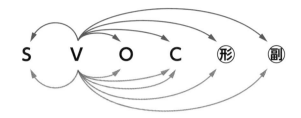

不定詞

分詞

動名詞

S V O C 形 副

　さて，１つの言語内において同じ用法のものが２つある場合，一方が使われなくなり消えていくのが一般的です。しかし準動詞においては，動詞を名形副に変える２系列がはっきり残っています。

　なぜでしょうか。

　それは，意味の違いによってはっきりと役割分担がされているからです。to 不定詞の to は本来前置詞の to です。前置詞 to の基本的意味は「到達点」（p.125 参照）で，そこから推定されるように，to 不定詞の意味は**未来的**です。「未来」と書かずに「未来的」と書いたのは，歴史的な変遷を経て「未来」とは言えない用法も存在するからです。しかしほとんどは「未来」の意味を表します。

　では，分詞と動名詞が作る名形副の系列はどうかと言うと，これは**過去・現在的**です。やはりこれも100パーセント「過去・現在」というわけではないので，「的」などとおおまかな言い方をしていますが，ほとんどは「過去・現在」の意味を表します。

　この２系列にはその他にも違いが存在するのですが，最も大きな違いはこれです。

★ FURTHER EXPLANATION

　ここでは分詞と動名詞をひとまとめにしていますが，その２つは本来別物です。

　現在分詞と動名詞の語尾はどちらも –ing ですが，Old English（８～11世紀頃の古い英語）にまでさかのぼると，現在分詞の語尾は –ende など，動名詞の語尾は –unge などでした。それが時代が進むにつれ混ざり合ってしまったのです。その結果，現在では現在分詞と動名詞のどちらにも分類できない，中間的な –ing が見られるようになりました。

　分詞と動名詞をひとまとめにしたのは，あくまでも不定詞との相対的な関係からです。生き物にたとえた場合，分詞がカブトムシ，動名詞がクワガタだとしたら，不定

詞はシロナガスクジラのようなイメージです。カブトムシとクワガタがいくら別物だと言っても，シロナガスクジラに比べたら同じようなものでしょう（笑）。

Key Points

- 準動詞は，本来動詞であるものを基本 3 大品詞に役割変換するものである。
- 準動詞には，不定詞，分詞，動名詞がある。
- 不定詞は動詞を⑧⑱⑳，分詞は動詞を⑱⑳，動名詞は動詞を⑧に変える。
- 不定詞の⑧⑱⑳は未来的，分詞・動名詞の⑧⑱⑳は過去・現在的。

Chapter 4 準動詞1 〜不定詞〜

　不定詞には**原形不定詞**と **to 不定詞**があります。原形不定詞は，現代英語では第5文型の補語（p.33, 34参照）や慣用表現などでしか使われないので，ここでは扱いません。

　したがってこの章で学ぶのは to 不定詞です。to 不定詞は**名詞，形容詞，副詞**の3つの役割を果たします。

◉ to 不定詞が名詞の役割をする（名詞的用法）

① 「〜すること」

　文中では **S，O，C** の働きをします。

　<u>To love</u> is <u>to believe</u>. 「愛することは信じることである。」
　　S　　　　　C

　She wants <u>to eat more</u>. 「彼女はもっと食べたがっている。」
　　　　　　　　O

② 疑問詞＋ to 不定詞

　文中では **S，O，C，前O，同格**の働きをします。

　<u>Where to go</u> has not been decided yet.
　　　S

　「どこに行くかはまだ決められていない。」

　I do not know <u>when to start</u>. 「私はいつ出発すべきかわからない。」
　　　　　　　　　　O

　The problem is <u>what to eat</u>. 「問題は何を食べるかだ。」
　　　　　　　　　　C

　Let's talk about <u>what to do</u>. 「どうすべきか話し合おうよ。」
　　　　　　　　　前O

　None of us can answer the question <u>which to choose</u>.
　　　　　　　　　　　　　　　　　　　　同格

　「私たちのうちの誰も，どちらを選ぶべきかという問いに答えることはできない。」

◙ to 不定詞が形容詞の役割をする(形容詞的用法)

① 名詞に直接かかる場合

ⅰ)to 不定詞とかかられる名詞が意味上の **SV** 関係(〜が…する)の場合

Is there anybody (to help you)? 「君を助けてくれる人は誰かいるの。」

ⅱ)to 不定詞とかかられる名詞が意味上の **OV** 関係(〜を…する)の場合

I have nothing (to write). 「僕には書くことが何もない。」

ⅲ)to 不定詞とかかられる名詞が**同格**関係(後のものが前のものの具体的説明になっている)の場合

His ability (to speak Korean) should be appreciated.

「彼の韓国語を話す能力は評価されるべきだ。」

> ★ FURTHER EXPLANATION
>
> 同格は Chapter 1 の名詞の説明のところで出てきたように,本来名詞の役割です。それがなぜここでは形容詞の用法になっているのでしょうか。
>
> 品詞は元来,[名詞→形容詞→副詞]という変化の順序を持っています。たとえば,earth「地球,地上」という名詞に ly がつくと earthly「地上の」という形容詞になります。同じように slow「ゆっくりした」という形容詞に ly がつくと slowly「ゆっくりと」という副詞になります。
>
> さて,ability to speak は be able to speak の able が名詞化してできたものですが,それに伴って to speak も[名詞→形容詞→副詞]において右から左に 1 つずれ,副詞から形容詞に変化したのです。
>
> able to speak   →   ability to speak
> 形   副   名   形

ⅳ)**慣用**的な場合

上の3つの文法的に整合性のある用法以外に,慣用的に一般化している用法がこれです。関係副詞の先行詞になる語 time, place, way, reason や chance, right, opportunity など,さまざまな名詞にかかります。

I don't have time to talk to you. 「君と話をする時間はないよ。」

Human beings have the right to pursue happiness.

「人間は幸福を追求する権利を持っている。」

② **be 動詞の補語（C）になる場合**

これは一般には形容詞的用法に入れられていませんが，本書では形容詞的用法として扱います。文法的枠組みは言語を整合的に説明するために後からつけたものなので，どちらが正しいということはありません。わかりやすいほうがよいのです。

to 不定詞の意味が本来「未来的」であるということは先に述べましたが，ここでもやはり to 不定詞は「未来」という意味しか持っていません。それがさまざまな様態（＝意味の類型）で出現しているだけです。下にあげられている**予定・義務・可能・運命・意志**は未来の取りうるさまざまな様態をおおまかに類型化したものにすぎません。前後の文との関係，すなわち文脈によってこの5つ以外の未来の様態も取りうるし，また義務といっても「しなければならない」なのか「するべき」なのか「したほうがよい」なのか，つまりその強さの程度も文脈によってさまざまなのです。

Dodo-chan is to come to the party.（予定）

「どーどーちゃんはパーティーに来る予定だ。」

You are not to eat here.（義務）

「ここで物を食べてはいけません。」

No one was to be seen.（可能）

「人っ子ひとり見えなかった。」

They were never to meet again.（運命）

「彼らは2度と会わない運命だった。」

If you are to become happy, you have to try to be happy now.（意志）

「幸せになりたいのなら，今幸せになろうとしなければならない。」

▶ 意志の意味はふつう if 節の中だけ。

◙ to 不定詞が副詞の役割をする（副詞的用法）

① **目的「～するために」**

目的を表します。次のような慣用表現もあります。

□ in order to ～, so as to ～「～するために」

I'm learning English in order to meet a lot of people in the world.

「世界の多くの人に出会うために，僕は英語を勉強しているんだ。」

42

② **感情の原因「〜して」**

驚き，喜び，失望などの感情の原因を表します。

I was surprised to see you there. 「あそこで君に会って驚いたよ。」

③ **判断の根拠「〜するとは，〜するなんて」**

話者が下す判断の根拠を表します。

How careless you are to forget your textbook!

「教科書を忘れるなんて，君はなんて不注意なんだ。」

④ **結果「…そして〜」**

原則として前から訳します。

He grew up to be a singer. 「彼は大きくなって歌手になった。」

⑤ **程度「〜するほど」**

原則として，以下のような慣用表現で使われます。

□ … enough to 〜, so … as to 〜 「〜するほど…」「たいへん…なので〜する」
□ too … to 〜 「〜するにはあまりにも…すぎる」「あまりにも…なので〜できない」

He was brave enough to go through the tunnel.

「彼は勇敢にもそのトンネルを通り抜けた。」

⑥ **形容詞限定「〜することに関して」**

直前の形容詞の意味を限定します。他動詞で終わります。

Italian is easy to learn. 「イタリア語は習得するのが簡単だ。」

この文の修飾構造を分析すると，

Italian is easy ⟨ to learn ⟩.
S　　　　　　　　　 **他動詞**
（O）

to learn が easy という C になっている形容詞にかかっており，「イタリア語は習得することに関して簡単だ」という意味構造になっています。

ここで注目してもらいたいのは，この1文のかたまりの中で，文頭のSが文末の他動詞の意味上のOになっているということです。文の構造上も意味上においても，learn Italian と文末から文頭につながり，延々と続く円環構造になっているのがわかります。この構造を僕は**コンブ**と呼んでいます。なぜ，コンブかって？　そこはたいした意味はありませんので，あまり深く追求しないでください(笑)。またいつかお会いすることがあったら，直接僕に尋ねてみてください(笑)。

どんな名前かということよりも名前をつけているということ自体が重要なのです。なぜこの構造に特別に名前をつけているかというと，実はこれが英語において頻繁に出てくるからです。to 不定詞の形容詞的用法の OV 関係もその1つです。その説明に使った例文はこれでした。

　　We have nothing to talk about.

　ここでも，talk about が［自動詞＋前置詞］で他動詞の役割を果たし，その意味上の O が to 不定詞のかかっている名詞である nothing になっています。すなわち，ここでは文ではなく，nothing to talk about という名詞句のかたまりが円環構造になっているのです。

　ちなみに，いま［自動詞＋前置詞］が他動詞の役割を果たすことに言及しましたが，それを少しくわしく説明しておきましょう。

　　He goes to school.「彼は学校へ行く。」

　この文は，goes という自動詞を V とする第 1 文型ととらえるのが一般的だということはわかりますね。すなわち，

　　He goes to school.
　　S　**V**　　**M**

です。

　しかし，goes to を 1 つのかたまりと考えれば，

　　He goes to school.
　　S　**V**　　**O**

とすることもできます。V の直後に来る名詞である school は，主語の He とはイコールの関係にありませんので，C ではなく O となります。

　ここから，**［自動詞＋前置詞］＝他動詞**と考えることができます。5 文型のところでも説明しましたが，文法的枠組みは絶対的に 1 つに決まるものではなく，このように柔軟に考えるべきものなのです。

　さらにこの裏返しとして，次のように考えることもできます。

　　I love you.「私はあなたを愛しています。」

　この文については，

　　I love you.
　　S V O

と，第 3 文型として考えるのがふつうです。これを，

I love you.

S　　**V**

と考え，第1文型ととらえても何の問題もありません。

ここから，**[他動詞＋O]＝自動詞**と考えることができます。

[自動詞＋前置詞]＝他動詞と[他動詞＋O]＝自動詞の2つの考え方は，ネイティブスピーカーが英語を使う際に無意識にしていることとして，後々，英文を読んだり書いたりする際に重要になってきますので，忘れないでいてください。

⑦ **条件「〜ならば」**

if 節に書きかえられます。

To hear her sing, you would take her for a professional singer.

「彼女が歌うのを聞くと，あなたは彼女をプロの歌手だと思うだろう。」

◉ 独立不定詞

文修飾副詞になっている to 不定詞を独立不定詞と呼びます。

Chapter 1 の品詞の説明のところで，副詞には動詞・形容詞・副詞にかかる以外に文修飾副詞というものがあると書きました（p.7参照）。ここで文修飾副詞について説明しましょう。

文修飾副詞は，文の一部の動詞などにかかるのではなく，文全体について何かを述べたり，つけ加えたりする役割を果たします。

たとえば，次の文を見てください。

Fortunately, he won the game. 「幸運にも，彼は試合に勝った。」

▶ 文に対して，「幸運だった」と述べている。

Honestly, I cannot go with you.

「正直に言うと，僕は君といっしょに行けない。」

▶ 文に対して，「これは正直な見解だが」とつけ加えている。

Economically, it is better to spend money locally.

「経済的には，地元でお金を使うほうがよい。」

▶ 文に対して，「経済的な観点のことである」とつけ加えている。

He will certainly come here. 「彼はきっとここに来るでしょう。」

▶ 文に対して，「確かだ」と述べている。この例のように，文修飾副詞は必ずしも文頭に来るとはかぎらない。

さて独立不定詞に話を戻しますが、これは to 不定詞が文修飾副詞として使われたもののことです。慣用表現になっているものが多々ありますので、しっかり覚えておきましょう。太字のものはとくに重要なものです。

□ **to tell (you) the truth**「実を言うと」　□ **to begin with**「まず第一に」
□ **to make matters worse**「さらに悪いことには」
□ **to be frank (with you)**「率直に言うと」
□ strange to say「奇妙なことに」　　□ needless to say「言うまでもなく」
□ so to speak[say]「いわば」　　　　　□ to be sure「確かに」
□ to do *somebody* justice「～を公平に評価すれば」
□ to make a long story short「かいつまんで言えば」
□ to say the least (of it)「ひかえめに言っても」

To tell you the truth, I don't know where I should go.
「実を言うと、僕はどこへ行くべきなのかわからない。」
"Why didn't you go to India?"
"Well, to begin with, I didn't have enough money."
「なぜインドに行かなかったの。」
「そうだな、まず第一にお金がなかったんだ。」

Exercise 5

次の(1)～(5)の各文中の不定詞と最も近い用法の不定詞を含む文を、(a)～(j)の中からそれぞれ1つずつ選びなさい。

----

(1)　I'm really happy to hear that.
(2)　He always sets his alarm clock in order not to be late.
(3)　He must be crazy to let his ten-year-old son drive his car.
(4)　It is hard to solve this math problem when you do not have time.
(5)　Pat had nothing to read when she was waiting for him.

(a)　Do you know anyone to do that for me?
(b)　He is sure to win the game.
(c)　I would like to take a bath before dinner.
(d)　To meet my daughter, you will understand what I say.

(e) To go fishing is the last thing he would do.

(f) I will study hard to pass the entrance exams.

(g) I feel sorry to say I cannot accept the offer.

(h) Our coach told us to come earlier.

(i) I found a nice apartment for you to live in.

(j) What a good boy you are to give up your seat to an elderly woman!

Key Points

■ 不定詞は，動詞を名詞・形容詞・副詞に変えるもの。

■ 名詞的用法は「～すること」と疑問詞＋ to 不定詞。「～すること」は S, O, C，疑問詞＋ to 不定詞は S, O, C, 前 O, 同格。

■ 形容詞的用法は名詞に直接かかるか C になる。名詞に直接かかるのは SV, OV, 同格 , 慣用。C になるのは予定, 義務, 可能, 運命, 意志。

■ 副詞的用法は目的, 感情の原因, 判断の根拠, 結果, 程度, 形容詞限定, 条件。

■ コンブ。

■ [自動詞＋前置詞]＝他動詞，[他動詞＋ O]＝自動詞。

■ 文修飾副詞は文全体について何かを述べたり，つけ加えたりする。

分詞には**現在分詞**と**過去分詞**があります。そして分詞の主な役割は，文中において**形容詞**と**副詞**の働きをすることです。

◉ 分詞が形容詞として使われる場合

前から後ろから C という形容詞のかかり方の原則に従います。

例

① 　現在分詞

a singing waiter

「歌をうたうウェイター」

the boy singing with her

「彼女と歌っている少年」

He kept singing.
　　　　　　C
「彼は歌い続けた。」

② 　過去分詞

a broken window

「割られた窓」

the window broken by the boys

「少年たちに割られた窓」

The window remained broken.
　　　　　　　　　　　　C
「その窓は割れたままだった。」

上の例にあるように，通常，形容詞として使われる過去分詞は他動詞の過去分詞，つまり「〜される」という**受身**の意味を表す過去分詞ですが，自動詞の過去分詞も形容詞として使われることがあります。その場合は「〜してしまった」という**完了**の意味になります。

例

fallen leaves「落ちてしまった葉っぱ→落ち葉」

a grown person「成長してしまった人→大人」

a drunken person「酒を飲んでしまった人→酔っ払い」

He is drunk.「彼は酒を飲んでしまった。→彼は酔っている。」

◉ 分詞が副詞として使われる場合（分詞構文）

$$\left.\begin{array}{l} \sim\text{ing} \\ \text{pp} \end{array}\right\}, \text{S V.}$$

分詞構文において大事なことは次の2つです。

1つ目は，**分詞構文の表す時は文の動詞と同時**ということです。実は分詞構文にはこの意味しかありません。それが文脈上，理由や譲歩などのいろいろな意味を持つことになるだけです。ちょうど to 不定詞が be 動詞の補語になるときに，本来は「未来」の意味しか持たないのに，文脈上，予定，義務…などの意味が出てくるのと同じです（p.42参照）。

> **例** **Singing a song, he came here.**「歌をうたいながら，彼はここに来た。」
> **Seeing me, he started to run away.**「私を見て，彼は逃げ出した。」

上の2つの例文において，1つ目の文では，「歌をうたうこと」と「ここに来ること」は厳密に同時に生じています。それに対して2つ目の文では，「私を見ること」と「逃げ出すこと」に時間的な差が生じています。これは，**言葉は時間の流れとともに進む**という暗黙の了解を反映してのことです。

たとえば，

I got up at seven in the morning, brushed my teeth and left home.

「私は朝7時に起きて，歯を磨いて，家を出た。」

という文において，got と brushed と left はすべて同じ過去形なのに，その意味内容から時間的には継起していることがわかります。これもまた，言葉は時間の流れとともに進むという暗黙の了解を反映してのことです。

分詞構文の2つ目に大事なことは，**分詞構文の意味上の主語（その行為の主体）は，原則として文の主語である**ということです。上の2つの例文においては，「歌をうたっている」のも「私を見た」のも he でした。

分詞構文の細かい意味は前後の文などとの関係，すなわち文脈によって決まるものですが，ここでおおまかにとりうる意味の例をあげておきましょう。

① **時「～しているとき」**

Walking on the beach, I found a pink shell.

「浜辺を歩いているとき，私はピンク色の貝殻を見つけた。」

② **理由「～なので」**

Written in easy German, this book is suitable for a beginner like you.

「簡単なドイツ語で書かれているので，この本は君のような初心者にぴったりだ。」

③ **条件「〜ならば」**

Coming here, you will understand everything.

「ここに来れば，君はすべてがわかるだろう。」

④ **譲歩「〜だけれども」**

Admitting what you say, I won't change my mind.

「君の言うことは認めるとしても，僕は考えを変えない。」

⑤ **付帯状況「〜しながら」「…そして〜」**

They were sitting in a circle, singing a song.

「彼らは歌をうたいながら，輪になって座っていた。」

▶「…そして〜」は単なる訳し方の問題であり，この文を「彼らは輪になって座り，(そして)歌をうたっていた。」と訳してもよい。

⑥ **継起「…そして〜」**

The train left Tokyo early this morning, arriving in my hometown just now.

「列車は今朝早く東京を出て，たった今僕の故郷の町に着いたところだ。」

▶ 分詞構文は副詞なので，原則として文頭，文中，文末のうちのどこにでも置くことが可能だが，文末に来たときはこのように継起を表すことがよくある。これは前ページで述べた，言葉は時間の流れとともに進むという暗黙の了解によって生じる意味である。

　一方で，分詞構文の意味上の主語が文の主語ではないとき，分詞構文は文のSVから独立しているため，これを**独立分詞構文**と呼びます。この場合，一般に意味上の主語を分詞構文の直前に置いて明示します。

> **例** **His mother being sick, he had to stay home.**
> 「お母さんが病気だったので，彼は家にいなければならなかった。」

　独立分詞構文のうち，意味上の主語が一般の人の場合(非人称)，それを明示することはありません。これを**非人称独立分詞構文**と呼びます。一般に慣用表現として出てきます。重要なものを次にあげておきますので，太字のものは今すぐ覚えておきましょう。

□ judging from 〜「〜から判断すると」
□ **generally speaking「一般的に言えば」**
□ **strictly speaking「厳密に言えば」**

- [ ] frankly speaking「率直に言えば」
- [ ] talking[speaking]of 〜「〜と言えば」
- [ ] supposing (that) 〜「もし〜ならば」
- [ ] providing[provided] (that) 〜「もし〜ならば」
- [ ] considering 〜「〜を考えると，〜のわりには」
- [ ] taking 〜 into consideration「〜を考慮すると」
- [ ] roughly speaking「大ざっぱに言えば」
- [ ] seeing (that) 〜「〜から見て」
- [ ] granting[granted] (that) 〜「仮に〜としても」
- [ ] assuming (that) 〜「〜とすれば」
- [ ] given 〜「〜と仮定すると，〜を考慮に入れると」

Judging from the way he speaks, he must know something.
「彼の話しぶりから判断すると，彼は何かを知っているに違いない。」

Frankly speaking, you get angry too easily.
「率直に言うと，君は怒りっぽすぎる。」

Talking of cars, I hear you have a Mercedes.
「車と言えば，君はメルセデスを持っているそうだね。」

You can come here providing that you come alone.
「一人で来るならここに来てもいいよ。」

Considering he has no experience, he did quite well.
「未経験にしては，彼はかなりよくやった。」

ほかにも独立分詞構文の意味上の主語が省略される場合があります。これは文にぶらさがっているという意味で，一般に**懸垂分詞**と呼ばれています。

Looking at his face, it is difficult to believe he has been sick for such a long time.
「彼の顔を見ると，彼がそんなに長い間病気だったとは信じがたい。」

この例において，「彼の顔を見る」主体，つまり分詞構文の意味上の主語は明示されていません。文の主語は後に続く to 不定詞を指す形式主語の it なので，明らかに分詞構文の意味上の主語ではありません。

このような分詞構文は，まだ完全に定着しているわけではなく間違いとみなす人も多いので，入試の英作文などでは使わない方が無難です。

また，ごく頻繁に使われる分詞構文として次のようなものもあります。

He came here late, making the other members angry.

「彼はここに遅れて来た。そのため他のメンバーたちは怒った。」

この例において，分詞構文の意味上の主語は**カンマの前の内容**になっています。文の主語を意味上の主語とする通常の分詞構文と比べてみましょう。

He came here, talking to the other members.

「彼はここにやって来て，他のメンバーたちに話しかけた。」

この文は，

He came here, talking to the other members.

＝He came here and talked to the other members.

という書きかえが可能です。

それに対して，先ほどのカンマの前の内容を意味上の主語とする分詞構文の場合，

He came here late, making the other members angry.

＝He came here late, which made the other members angry.

となります。

▶ カンマの前の内容を指す関係代名詞の which については，Chapter 9 を参照。

Exercise 6

次の英文を和訳しなさい。

- -

He was not sure what would happen to the church standing across the street. The guys were already there, all of them carrying huge bags. He wondered what they had in their bags, but he was so scared that he did not do anything, just looking out the window.

Key Points

■ 分詞には現在分詞と過去分詞がある。

■ 分詞は動詞を形容詞・副詞に変えるもの。

■ 副詞に変えるものを分詞構文という。

■ 形容詞的用法は前から後ろからC。

■ 分詞構文の意味は同時。

■ 分詞構文の意味上の主語は，原則として文の主語。そうでない
　場合は，意味上の主語を直前に置く（独立分詞構文）。

動名詞は**名詞**の役割を果たし，文中では **S，O，C，前O，同格**として働きます。

> **例**
>
> **Seeing is believing.**「百聞は一見にしかず。」
>   S   C
>
> **I like eating out.**「僕は外食するのが好きだ。」
>   O
>
> **You have to wash your hands before eating.**
>   前 O
> 「食事の前には手を洗わなければならない。」
>
> **My hobby, fishing, is fun.**「私の趣味の釣りは楽しい。」
>   同格

◉ 動名詞の意味上の主語

動名詞の意味上の主語が一般の人ではない，または文の主語や目的語と一致しない場合には，それを動名詞の前に置くという形で明示しなければなりません。

① **意味上の主語が人称代名詞の場合→所有格か目的格**で表す

I don't like your［you］smoking.「あなたが煙草を吸うの，好きじゃないわ。」
▶ 目的格は□語的。

② **意味上の主語が人や動物を表す名詞の場合→ 's をつけて所有格**にするか**そのままの形（目的格）**で表す

He insisted on May's［May］going to Guatemala.
「彼はメイがグアテマラに行くべきだと言い張った。」
▶ そのままの形（目的格）は□語的。

③ **意味上の主語が無生物を表す名詞の場合→**通常は**そのままの形（目的格）**で表す

I'm sure of that restaurant being open.
「あのレストランは開いているに違いない。」

◘ 動名詞を用いた慣用表現

頻出表現をまとめておくので，覚えておきましょう。

① **look forward to 〜ing「〜することを楽しみにしている」**

> I'm looking forward to seeing you.
> 「お会いするのを楽しみにしています。」

② **there is no 〜ing「〜することはできない」**

> There is no telling what is going to happen in the future.
> 「未来に何が起きるかはわからない。」

③ **it is no use[good] 〜ing, there is no use (in) 〜ing
「〜してもむだである」**

> It's no use talking to him.「彼と話してもむだだ。」

④ **on 〜ing「〜するとすぐに」**

> On seeing Max, Nana ran away.
> 「マックスを見たとたん，ナナは走って逃げた。」

⑤ **in 〜ing「〜するときに」**

> You have to be careful in driving in the rain.
> 「雨の中を運転する際は，気をつけなければならない。」

⑥ **cannot help 〜ing「〜せずにはいられない」**

> I couldn't help laughing.「思わず笑ってしまった。」

⑦ **worth 〜ing「〜する価値がある」**

> This film is worth seeing.「この映画は見る価値がある。」
> ▶ コンプになる（p.43参照）。

⑧ **feel like 〜ing「〜したい気がする」**

> I don't feel like going out today.
> 「今日は遊びに行く気がしない。」

⑨ **never … without 〜ing「…すれば必ず〜する」**

> He never comes to see me without bringing a bottle of wine.
> 「彼が僕に会いに来るときは，必ずワインを1本持ってくる。」

⑩ **it goes without saying that 〜「〜は言うまでもない」**

> It goes without saying that she loves animals.
> 「彼女が動物好きなのは言うまでもない。」

次の各文(1)〜(3)について，動名詞を使って書きかえなさい。

(1) He insists that she is innocent.

(2) I am sure that he will come tomorrow.

(3) As soon as he arrived here, he called his wife.

Key Points

■ 動名詞は動詞を**名詞**に変えるもの。

■ 動名詞の意味上の主語は，人称代名詞や人や動物を表す名詞の場合，**所有格**か**目的格**，無生物を表す名詞の場合，そのままの形（**目的格**）。

Chapter 7　準動詞のまとめ

　準動詞の最後の章では，その否定形と完了形，不定詞と動名詞の使い分け，そして現在分詞と動名詞の区別について学習します。

◻ 準動詞の否定形＆完了形

　準動詞の否定形は一般に，not や never などの否定語を準動詞の**直前**に置いて作ります。

> **例**
>
> **In order not to disappoint my mother, I will go home before her birthday.**（不定詞）
>
> 「母をがっかりさせないように，母の誕生日より前に僕は家に帰るつもりです。」
>
> **Not knowing what to do, he asked me for advice.**（分詞）
>
> 「どうしていいかわからなかったので，彼は私に忠告を求めてきた。」
>
> **I don't like his never talking to me.**（動名詞）
>
> 「彼が僕と全然話をしないのは，気に食わない。」

　文の動詞の時よりも前のことを表すには，準動詞を**完了形**にします。

> **例**
>
> **She is said to have been sick last year.**（不定詞）
>
> 「彼女は去年病気だったと言われている。」
>
> **Having finished his homework, he went out on a date with Mimi.**（分詞）
>
> 「宿題を終えて，彼はミミとのデートに出かけた。」
>
> **I regret having eaten at that restaurant.**（動名詞）
>
> 「私はあのレストランで食事をしたことを後悔している。」

◻ 不定詞と動名詞の使い分け

　動詞の目的語に to 不定詞が来るか動名詞が来るかによって，大きな違いが生じます。

① to 不定詞だけを目的語にとる動詞

　未来志向の動詞が多いです。例外的なものは太字にしています。

□ hope 「〜したいと思う」   □ wish 「(できたら)〜したいと思う」

□ agree 「〜することに同意する」   □ offer 「〜することを申し出る」

□ **pretend 「〜するふりをする」**   □ desire 「〜することを強く望む」

□ **refuse 「〜することを拒否する」**   □ learn 「〜するようになる」

□ determine 「〜すると決心する」   □ expect 「〜すると思っている」

□ promise 「〜すると約束する」   □ decide 「〜すると決心する」

□ mean 「〜するつもりである」   □ seek 「〜しようとする」

□ resolve 「〜すると決心する」   □ care 「〜したい」

□ **hesitate 「〜するのをためらう」**   □ choose 「〜することを選ぶ」

□ plan 「〜するつもりである」   □ manage 「何とか〜する」

□ **fail 「〜しない，できない」**

He is pretending to be sick. 「彼は仮病を使っている。」

② 動名詞だけを目的語にとる動詞

「未来に〜しない」という意味を含めて，過去・現在志向の動詞が多いです。例外的なものは太字にしています。

□ mind 「〜するのをいやだと思う」   □ enjoy 「〜するのを楽しむ」

□ avoid 「〜するのを避ける」   □ admit 「〜したことを認める」

□ excuse 「〜したことの言い訳をする」   □ give up 「〜するのをやめる, あきらめる」

□ stop 「〜するのをやめる」   □ put off, postpone 「〜するのを延期する」

□ finish 「〜し終える」   □ escape 「〜することをうまく避ける」

□ miss 「〜しそこなう」   □ deny 「〜したことを否定する」

□ resist 「〜するのを我慢する」   □ practice 「〜する練習をする」

□ stand 「〜することに耐える」   □ **consider 「〜することを検討する」**

I narrowly escaped being hit by a truck.

「僕はかろうじてトラックにひかれるのをまぬがれた。」

③ 動名詞と to 不定詞の両方を目的語にとる動詞

ⅰ)意味にあまり違いのないもの

□ begin 「〜し始める」   □ start 「〜し始める」

□ continue 「〜し続ける」   □ cease 「〜するのをやめる」

□ like 「〜するのが好きである」   □ love 「〜するのが大好きである」

□ prefer 「〜するのが好きである」   □ hate 「〜するのがいやである」

ⅱ）意味に大きな違いのあるもの

to 不定詞は未来志向，動名詞は過去・現在志向。

□ remember to 不定詞「～することを覚えている」
□ remember ～ing「～したことを覚えている」

Please remember to call him tomorrow.
「明日彼に電話するのを忘れないでね。」
I remember seeing him somewhere.
「どこかで彼に会ったのを覚えているわ。」

□ forget to 不定詞「～することを忘れる」
□ forget ～ing「～したことを忘れる」

I forgot to buy the book.
「その本を買うのを忘れた。」

□ regret to 不定詞「残念ながら～する」
□ regret ～ing「～したことを後悔する」

We regret to inform you that your application has not been successful.
「残念ながら今回はご希望に添いかねる結果となりました。」（不採用通知）
I regret telling you about it.
「そのことについて君に話したことを後悔している。」

□ try to 不定詞「～しようとする」
□ try ～ing「ためしに～してみる」

I tried writing to her, but she did not answer me.
「ためしに彼女に手紙を書いてみたが，返事はもらえなかった。」

　ここからの動詞では，動名詞は**受身**の意味を表します。構造としてはコンプに
なっています（p.43参照）。

□ need to 不定詞「～する必要がある」
□ need ～ing「～される必要がある」

The roof needs repairing.「屋根は修理する必要がある。」
　▶ 意味は受け身だが，訳では日本語の慣例に合わせて「～する」にしている。

□ want to 不定詞「〜したい」

□ want 〜ing「〜される必要がある」

The pants want washing.「そのズボンは洗う必要がある。」

□ deserve to 不定詞「〜してもおかしくない」

□ deserve 〜ing「〜されて当然である」

She deserves to succeed.「彼女なら成功してもおかしくない。」

She deserves praising.「彼女はほめられて当然だ。」

🔲 現在分詞と動名詞の区別

現在分詞と動名詞はどちらも〜ing という語尾を持ち，前後の語を含めても形からだけでは区別できないことが多いですが，その多くは意味上区別できます。

例1 the head of the child playing in the park

この〜ing を含んだ句を前から読むと，the head of 〜「〜の頭」とあります。その意味から前置詞 of の O が the child だとわかります。したがって playing in the park は the child に後ろからかかっている形容詞句ということになります。よって playing は形容詞の役割をしており，現在分詞ということになります。

the head of the child (playing in the park)「公園で遊んでいる子どもの頭」

例2 the result of the child playing in the park

この〜ing を含んだ句を前から読むと，the result of 〜「〜の結果」とあります。その意味から前置詞 of の O が the child ではないとわかります。「子どもの結果」では意味的に不自然だからです。したがって前置詞 of の O は playing in the park で the child はその意味上の S だということがわかります。よって playing in the park は名詞の役割をしており，動名詞ということになります。

the result of the child playing in the park「その子どもが公園で遊んだ結果」
　　　　　　　意味S　前○
　　　　　　　〜が　〜すること

しかし現代英語における動名詞と現在分詞は上の2つの例のように常にはっきりと区別されるわけではなく，どちらともとれる領域があることはすでに説明しました（p.38の FURTHER EXPLANATION 参照）。次の図のように現在分詞と

60

動名詞のどちらともとれる領域が存在するのです。

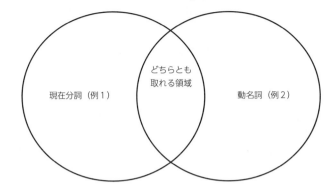

　重要なのは，現在分詞なのか動名詞なのかどちらと取ってもよいものなのか，その３つを意味を理解してしっかり区別することです。

Exercise 8

　次の各日本語文(1)～(5)を，準動詞を使って英語に訳しなさい。

- (1)　どうしていいかわからない。
- (2)　向こうでコーヒーを飲んでいる人は僕の父です。
- (3)　彼はまだ一人で旅行できる年齢ではない。
- (4)　彼はためしにその木に登ってみた。
- (5)　君と話すことなんて何もないよ。

Key Points

- ■ 準動詞の否定形は, not や never を to ～や～ing などの直前に置く。
- ■ 文のVよりも前のことは完了形。
- ■ to 不定詞をOにとる動詞は未来志向，動名詞をOにとる動詞は過去・現在志向。

節を作るものとは，**接続詞・関係詞・疑問詞**のことです（p.18参照）。そのうち，ここでは接続詞と疑問詞を扱います。

1 接続詞

接続詞は，その文法的な役割の違いから，**等位接続詞**と**従位接続詞**の2種類にわかれます。

● 等位接続詞

等位という名前の通り，文法的にも意味的にも同じ種類のものを結びます。代表的なものを以下にあげます。

□ and「そして」　　□ but「しかし」
□ or「それとも」　　□ for「というのは〜だから」
□ so「だから」　　　□ nor「また〜ない」
□ yet「しかし」

その結び方を，型として示すと次のようになります。

_____ and _____
　　①　　　　　　　　②

3つ以上のものを結ぶ場合は，次のようになります。

_____, _____ and _____
　①　　　　②　　　　　③

▶ この場合の①と②の間のカンマは and の省略だと考えられる。

and を例にとって，語・句・節それぞれを結ぶ場合を見てみましょう。

> 例　・語と語
> I wanted to eat **fish** and **vegetables.**「私は魚と野菜が食べたかった。」
> 　　　　　　　　①　　　　　　②

・句と句

He enjoys taking a walk in town **and** **talking to shopkeepers.**
　　　　　　　①　　　　　　　　　　　　　②

「彼は街を散歩して，店主たちと話をするのを楽しむ。」

・節と節

He told me that he would come to see me **and** **that he might help**
　　　　　　①　　　　　　　　　　　　　　　　　　　　②

me if he had time.

「彼は僕に会いに来て，時間があったら僕を手伝ってくれるかもしれない
と言った。」

語と語，句と句を結ぶ場合も，厳密には節と節を結ぶものが部分的に省略され
たものだと考えられます。たとえばここにあげた例でいうと，

I wanted to eat fish and vegetables.
　　　　　　　　　↑

I wanted to eat fish and（I wanted to eat）vegetables.

He enjoys taking a walk in town and talking to shopkeepers.
　　　　　　　　　　　　　　　　　↑

He enjoys taking a walk in town and（he enjoys）talking to shopkeepers.

というように，それぞれ（　）内の省略が起こったものだと考えられます。

but は，and や or ほど語や句を結ぶのに使われませんが，次の例のように形容
詞や副詞を結ぶことはよくあります。

例　**We need a cheap** **but** **strong bag to keep this snake in.**
　　　　　　　　①　　　　　②

「私たちにはこのヘビを入れておくための安くても丈夫な袋が必要だ。」

for は補足的な理由や判断の根拠を付け加えるのに使われます。

例　**It was already twelve, for the people working in the factory were**
coming out for lunch.

「もう12時だった。というのは，工場で働いている人々が昼食を食べに出
てきていたから。」

nor の語頭の n- は ne に由来します。ne は Old English（8～11世紀の古い英語）で not に当たるものです。ここから，「また～ない」という否定の意味になります。

例 **He did not go there, nor did she.**
「彼はそこに行かなかったし，彼女もまたそこに行かなかった。」

nor の中には否定の副詞である not が含まれているため，その後に続く SV には倒置が起きています。**否定の副詞が SV の前に出ると SV は倒置されるのです。**否定の副詞の後でなぜ SV が倒置されるかも Old English からの名残なのですが，簡単に言うと，否定の副詞は V のそばになければ意味が伝わりにくいので，否定の副詞の直後に V を置くのです。よって，否定の副詞が文頭に出れば，それにつられて V も前に出るため，SV は結果的に倒置されて VS の語順になるのです。

and, or の重要な慣用表現として，次のようなものがあります。

□命令文 , and ～　「…しなさい。そうすれば，～」「…すれば～」
□命令文 , or ～　「…しなさい。さもないと，～」「…しなければ～」

Ring this bell, <u>and</u> the children will gather around.
「このベルを鳴らしなさい。そうすれば子どもたちは集まるだろう。」

▶ 純粋な命令文よりも, If you ring this bell, the children will gather around. 「このベルを鳴らせば，子どもたちは集まるだろう。」という条件文の意味で使われることが多い。

Work hard, <u>or</u> you will lose your job.
「一生懸命働け。さもないと仕事を失うぞ。」

▶ 純粋な命令文よりも, If you do not work hard, you will lose your job. 「一生懸命働かなければ，仕事を失うぞ。」という条件文の意味で使われることが多い。

等位接続詞によって結ばれたものが主語のとき，動詞の人称や数を何に合わせるかが重要になります。

<u>Both</u> you <u>and</u> your wife are my friends.
「あなたもあなたの奥さんも私の友だちよ。」

主語は Both A and B「A と B の両方」のため複数となり，動詞は are になります。

Not books but food is necessary for those children.

「本ではなく食べ物が，あの子どもたちには必要なのだ。」

not A but B「A ではなく B」の場合，動詞は B に合わせます。これは，等位接続詞が実は節と節を結ぶものだということから説明できます。上の文は次のような省略を経てできたと考えられます。

Not books but food is necessary for those children.

Not (are) books (necessary) but food is necessary for those children.

よって，文の動詞である is の主語は，but の後の food だけです。

Not only she but also you are trying to hide it.

「彼女だけでなく，君もそれを隠そうとしている。」

not only A but also B「A だけでなく B」の場合も，

Not only she but also you are trying to hide it.

Not only (is) she (trying to hide it) but also you are trying to hide it.

という過程を経て省略が生じたと考えられます。したがって，文の動詞 are の主語にあたるのは you のみになります。

Either you or Mike has to come with me.

「おまえかマイクが，俺と来なければならない。」

either A or B「A か B かのどちらか」の場合もやはり，

Either you or Mike has to come with me.

Either you (have to come with me) or Mike has to come with me.

という省略があると考えられます。したがって，文の動詞の主語にあたるのは Mike のみになります。

また，neither A nor B「A も B も～ない」の場合も同様の理由で，動詞は B に合わせます。

Key Points

■ 接続詞には，等位接続詞と従位接続詞がある。

■ 等位接続詞は，文法的にも意味的にも同じ種類のものどうしを結ぶ。

■ 等位接続詞は，and, but, or, for, so, nor, yet。

● 従位接続詞

等位接続詞以外のすべての接続詞を従位接続詞といい，これによって導かれる節を**従属節**といいます。それに対して，文のSVを含むかたまりを**主節**といいます。型で表すと次のようになります。

```
                    │if│
_____│_____
   主節            従属節
```

① 名詞節を導くもの

□ that「〜ということ」

that節は，文中では一般的な名詞の働きである**S，O，C，前O，同格**の役割（p.5参照）を果たします。

> **例**
>
> <u>That he was arrested</u> was big news.
>   S
> 「彼が逮捕されたのは大きなニュースだった。」
>
> It is true <u>that he said so</u>.
>   真S
> 「彼がそう言ったのは本当だ。」
>
> The fact is <u>that the rumor is groundless</u>.
>   C
> 「実はそのうわさは根拠がない。」
>
> Human beings are different from animals in <u>that they can speak</u>.
>   前O
> 「人間は言葉が話せるという点で動物と異なる。」
> ▶ that節が前Oになるのは，in that 〜「〜の点で」（理由を表す）の場合と，except that 〜「〜を除いて」のように除外を表す前置詞のOになる場合のみ。
>
> The fact <u>that Japanese people eat a lot of fish</u> suggests that they are
>   同格
> healthy.
> 「日本人が多くの魚を食べることは，彼らが健康であることを示唆している。」

□ whether「〜かどうか」

whether 節は，文中ではやはり一般的な名詞と同様，**S，O，C，前O，同格**の働きをします。

例

Whether he will come here is still unclear.
　　　　　　S
「彼がここに来るかどうかは，まだはっきりしない。」

No one knows whether he is alive or not.
　　　　　　　　　　　O
「彼が生きているかどうか誰も知らない。」

The question is whether her mother likes dogs or not.
　　　　　　　　　　　C
「問題は彼女のお母さんが犬が好きかどうかである。」

Let's talk about whether he has the ability to live alone.
　　　　　　　　　　　前O
「彼に一人暮らしをする能力があるかどうかについて話し合おう。」

The question whether her mother likes dogs or not is hard to answer.
　　　　　　　　　　　同格
「彼女のお母さんが犬が好きかどうかという問いは答えを出すのが難しい。」
▶ 上のCの例文との類似点に注目してほしい。Cも同格も"イコール"を表すということがわかる。

□ if「〜かどうか」

if 節は，文中では基本的に**O**の働きをします。

例 **I do not know if he will agree with me.**
　　　　　　　　　　　O
「彼が僕に賛成するかどうかはわからない。」

if 節が基本的にOとしてしか使われないのは，他の使い方だと，副詞節の if

節「もし〜ならば」と紛らわしいからです。したがって紛らわしくない場合には O 以外の働きをすることもあります。このように，文法のルールというものはあいまい性を避け，文の意味が一義的に決まるように自然に生まれたものなのです。そのような理解なしにルールをルールとして覚えるような勉強は，本末転倒だと言わざるをえないでしょう。

② **副詞節を導くもの**

　副詞は文中のいろいろなところに他の要素から独立して置かれます。「他の要素から独立して」というのは，たとえば名詞の場合，前 O だと前置詞の直後に置かなければならないというように場所が限定されるのですが，副詞の場合，それがある程度自由だということです。

　たとえば，「いま私は幸せだ。」という文を英訳する場合，

　　Now I am happy.

　　I am now happy.

　　I am happy now.

のいずれでも，多少のニュアンスの違いはあれ正しいということです。

　したがって，従位接続詞が副詞節を作る場合，その型は以下のようになります。

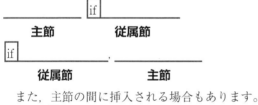

また，主節の間に挿入される場合もあります。

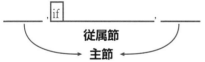

　次に副詞節を作る従位接続詞のうち，代表的なものをあげておきましょう。

ⅰ）時を表す副詞節を導くもの

□ when「〜するときに」　　　　　□ whenever「〜するときはいつでも」
□ while「〜する間に」　　　　　　□ as「〜するときに，〜しながら，〜するにつれ」
□ after「〜した後で」　　　　　　□ before「〜する前に」
□ till, until「〜まで」　　　　　　□ by the time「〜までに」

□ since「〜以来」　　　　□ once「いったん〜すると」
□ every time, each time「〜するたびに」
□ next time「今度〜するときに」　□ as long as「〜する間」
□ as soon as, the moment, the instant「〜するとすぐに」

Once you have learned it, you will think it's so easy.
「いったん身についたら，それはすごく簡単に思えるだろう。」

ⅱ）原因・理由を表す副詞節を導くもの

□ because, as, since「〜なので」　　□ now that「いまや〜だから」
□ in that「〜という点で」
▶ that 節は名詞節だが，in that 〜になると副詞節になる。

Now that you are a high school student, you should know what you study for.
「いまや君は高校生なのだから，何のために勉強するのか知っているべきだ。」

ⅲ）条件を表す副詞節を導くもの

□ if, supposing, provided「もし〜ならば」　　□ unless「〜しないかぎり」
□ in case「〜する場合には」
□ as long as（時間・条件を表す），so long as（条件を表す）「〜するかぎり」
▶ supposing や provided は分詞構文だが，従位接続詞の役割をする。

We can eat at any restaurant so long as it serves good food.
「おいしいものが食べられるなら，どのレストランでも結構です。」
時や条件を表す副詞節の中は未来のことも現在形になります。

When he comes here tomorrow, I will talk to him.
「明日彼がここに来たら，彼と話すつもりだ。」

If you come to Kyoto, call me.「京都に来るなら，僕に電話して。」

　これは昔，**仮定法現在**といいますが，条件節の中に動詞の原形が使われていた時代の名残です。動詞の原形と現在形が形が似ているから誤って現在形が使われるようになって，それが一般化したのです。このように言語変化というものは，言語学習者（子どもや外国人）の誤用が一般化することで生じることが多いのです。
　名詞節や形容詞節の場合は未来形となるので混同してはいけません。

I do not know if he will come here tomorrow.
「明日彼がここに来るかどうか知らない。」
▶ if 節は名詞節。

Do you know the time when he will arrive?

「あなたは彼が到着する時間を知っていますか。」

▶ when 節は形容詞節。

iv) 譲歩を表す副詞節を導くもの

□ although, though「〜だけれども」

□ even if, even though「たとえ〜であっても」

▶ even if は仮定に, even though は事実に用いる。

□ whether 〜 or …「〜であろうと…であろうと」

Even if you don't eat more, you have to pay for what you have ordered.

「たとえこれ以上食べないとしても，注文したものの代金は払わなければならない。」

v) その他のもの

□ as far as(距離・範囲を表す), so far as(範囲を表す)「〜かぎりでは」

□ so 〜 that …, such 〜 that …「たいへん〜なので…」

So far as I know, he is not in Japan.

「私の知るかぎりでは，彼は日本にいない。」

Key Points

■ 従位接続詞には，名詞節を作るものと副詞節を作るものがある。

■ 名詞節を作る従位接続詞は, that, whether, if 。

■ 名詞節のうち, that 節と whether 節は S，O，C，前O，同格, if 節は O 。

---

2 疑問詞

疑問詞とは，疑問文を作るのに使われる次のような単語のことです。

□ what「何，どんな」   □ which「どれ，どちら，どの」

□ who「誰」   □ whose「誰の」

□ whom「誰を」   □ when「いつ」

□ where「どこに，どこで」   □ why「なぜ」

□ how「どのように」

　疑問詞という言葉は意味にもとづく名称であって，文法的役割にもとづく名称ではありません。文法的役割にもとづく名称，つまり品詞でいえば，what「何」，which「どれ，どちら」，who「誰」，whom「誰を」は名詞ですし，whose「誰の」は所有格ですが，広くとらえれば，名詞にかかるので形容詞になります。また，what「どんな」，which「どの」も形容詞です。when「いつ」，where「どこに，どこで」，why「なぜ」，how「どのように」は副詞です。

　疑問詞を使った疑問文は，たとえば次のようなものです。

　What do you want to eat?「君は何を食べたいの。」

　この疑問詞が節を作るものとして使われると，たとえば次の文のようになります。

　I do not know <u>what you want to eat.</u>

　　　　　　　　　　　O

　「私は君が何を食べたいのかわからない。」

　この文において，what you want to eat は O の役割をしています。これが上の疑問文からできたものであるのは明らかでしょう。この what you want to eat のような，他の文の中に入り込んだ疑問文のことを**間接疑問文**といいます。間接疑問文は名詞節を作るので，文中では **S，O，C，前O，同格**の役割を果たします。またこれ自体は疑問文の役割を果たしていませんので，SV は倒置しません。上の例でも you want の語順になっています。

　例をあげてみましょう。

例 **What kind of book she is thinking of writing** is really interesting.

　　　　　　　　　　　　S

「彼女がどんな類の本を書こうと考えているかは本当に興味深い。」

Could you tell me <u>when he will come to Japan</u>?

　　　　　　　　　　　O

「彼がいつ日本に来るか教えてくれませんか。」

The problem is <u>where we should wait for her.</u>

　　　　　　　　　　　C

「問題は私たちがどこで彼女を待つべきかである。」

Let's talk about <u>who is a good candidate for the President of the</u>

　　　　　　　　　　　前O

United States.

「誰がアメリカ合衆国大統領の候補としてふさわしいか話し合おう。」

Nobody knows the answer to the question <u>how life began.</u>

　　　　　　　　　　　　　　　　　同格

「生命がどのようにして誕生したのかという問いに対する答えは誰も知らない。」

　What is he doing?「彼は何をしているのですか。」を do you know の O として間接疑問文にすると,

　　① Do you know what he is doing?

　　「彼が何をしているか知っていますか。」

となりますが, do you think の O として間接疑問文にすることはできず, 次のような新たな疑問文を作るしかありません。

　　② What do you think he is doing?「彼が何をしていると思いますか。」

　この文は①の文と比較すると what が文頭に飛び出した形になっています。それによって what は, 節を作るものではなく, むしろ文の中心になり, どちらかというと do you think のほうが挿入されたかのように脇役に甘んじています。つまり①の文では間接疑問文になることで what の疑問詞としての本来の役割はなくなっているのに対し, ②の文ではそれが生きているということです。

　その証拠に①の文に対する返答は Yes, I do. あるいは No, I don't. であるのに対して, ②の文に対する返答は I think he is cooking. のように具体的内容を伴うものでなければなりません。

　まとめると, 次のようになります。

　yes あるいは no で答えられる疑問文のとき, what は後ろに置かれて間接疑問文になります。そのような文で使われる動詞には, know 以外に remember, forget, tell, ask などいろいろあります。それとは対照的に, 具体的内容で答えなければならない疑問文のときは, what は疑問詞として生きており, 文頭に置かれます。そのような文で使われる動詞には, think 以外に suppose, believe, guess, say などやはりいろいろあります。

　疑問詞を使わない間接疑問文は, 名詞節を作る従位接続詞の whether, if「〜

かどうか」を使って作ります。

Do you know whether [if] he is coming tomorrow?

「彼が明日来るかどうか知っていますか。」

Key Points

■ 間接疑問文は名詞節を作り，文中ではＳ，Ｏ，Ｃ，前Ｏ，同格
の役割を果たす。

■ yes あるいは no で答えられる疑問文のとき what は後ろに
置かれるが，具体的内容で答えなければならない疑問文のとき
は文頭に置かれる。

Exercise 9

次の各日本語文(1)～(5)の意味を表す英文となるように，空所に適語を
補いなさい。

----

(1) 君がここにいるかぎり，僕もここにいるよ。

As (　　) as you stay here, I will stay here.

(2) 学生たちだけでなく先生も警察に逮捕された。

(　　) (　　) the students (　　) also the teacher (　　)
arrested by the police.

(3) 今や君はフランスに住んでいるのだから，フランス語を学ぶべきだ。

(　　) (　　) you live in France, you should learn French.

(4) 中に一歩でも入ったら，撃たれるぞ。

Just one step inside, (　　) you'll be shot.

(5) 君か彼かのどちらかがここにとどまらなければならない。

Either you (　　) he (　　) to stay here.

Chapter 9　節を作るもの2 〜関係詞〜

この章では節を作るもののうち，**関係詞**を扱います。

関係詞には，基本3大品詞（名詞・形容詞・副詞）にしたがって，3つの種類があります。**関係代名詞・関係形容詞・関係副詞**です。

文法を身につけるには，文法用語の意味をしっかり理解することが重要です。たとえば非人称独立分詞構文の勉強をしたときに，僕は「分詞構文」の説明をした後で「独立」の意味を説明し，その後に「非人称」の意味を説明しました。それによって非人称独立分詞構文が正確に理解できたはずです（p.50参照）。

ここでは「関係」という言葉の意味をしっかりと理解しましょう。「関係」とはSVとSVを結ぶ役割，すなわち接続詞の役割のことです。

ここから関係代名詞，関係形容詞，関係副詞が，それぞれ1語で［接続詞＋代名詞］，［接続詞＋形容詞］，［接続詞＋副詞］の役割を果たすものだということがわかります。

関係代名詞 which と関係副詞 where を例に説明しましょう。

> 例
>
> 〈1〉　This is the car (which I bought last year).
> 　　　 S　V　C 　　　　O' S' V
> 　　　「これは私が昨年買った車です。」
>
> 〈2〉　This is the town (where I met him for the first time).
> 　　　 S　V　C 　　　　　　 S' V' O'
> 　　　「ここは私が彼に初めて会った町です。」

これらの文からわかるのは，まず関係節（関係詞が作る節）が名詞にかかる形容詞節になっているということです。この際，かかられる名詞のことを**先行詞**といいます。関係節に先行する言葉という意味ですね。関係節が関係代名詞節（関係代名詞が作る節）であろうと，関係形容詞節（関係形容詞が作る節）であろうと，関係副詞節（関係副詞が作る節）であろうと，名詞にかかっている場合，すなわち先行詞を持つ場合，関係節は役割としては形容詞節です。

〈1〉において，which は［接続詞＋代名詞］，ここでは and it の役割をしています。したがって which に注目すると，

This is the car which I bought last year.
↓
This is the car and I bought it last year.

と書きかえられます。

同様に〈2〉において, where は［接続詞＋副詞］, ここでは and there の役割を しています。したがって where に注目すると,

This is the town where I met him for the first time.
↓
This is the town and I met him for the first time there.

と書きかえられます。

　もちろん書きかえた後の文は, 〈1〉では「これは車です。そして, それを私は 昨年買った。」, 〈2〉では「ここは町です。そしてそこで私は初めて彼に会った。」 となり, いずれも少しニュアンスが異なってしまいますが, もとの文の構造をわ かりやすく表したものになっています。ここで, それぞれの書きかえた文の and 以下に注目してください。

　　and I bought it last year

　　and I met him for the first time there

それぞれ文の要素に過不足がない, 文法的に正しい文になっています。このよう な文の要素に過不足がなく文法的に正しい文のことを**完全な文**と呼ぶことにし ます。当然, 書きかえる前の〈1〉と〈2〉も, 関係節の中は S', V', O' のそろった完 全な文になっていることがわかります。

　関係詞を使った英文を読んだり, 書いたり, あるいは種々の問題を解く上で最 も重要なことはこれです。すなわち, **関係節は完全な文である**ということです。

　言語が生まれてきた過程を考えてみればわかることですが, 古代の人間は(あ るいはそれよりもはるかに昔の原始人かもしれませんが), 関係節が発達する前 は短文の羅列で意思疎通していたと考えられます。「あそこにマンモスいる。オ レたちとる」のような感じです。それがいつしか, 「あそこにいるマンモスをオ レたちはとる」のように節を結びつけるようになったと考えられます。

　このようにその発生をさかのぼると, 関係節が文法的に過不足のない完全な文 であることは至極当然のことだとわかります。

　「関係代名詞の後は不完全な文, 関係副詞の後は完全な文」などと表面上のよ くあるカタチを一般化し, さも何にでもあてはまる公式であるかのように唱えて いる学生が多々いますが, このようなおざなりの受験テクニックに頼ってはいけ

ません。関係代名詞の後に完全な文が来ることだってあるし，大学入試では例外が故意に出題されたりすることもあるのですから。

ここで，声を大にしてもう一度言っておきましょう。関係代名詞節であろうと，関係形容詞節であろうと，関係副詞節であろうと，

関係節はすべて完全な文

です。

Key Points

■ 関係詞には**関係代名詞・関係形容詞・関係副詞**がある。

■「**関係**」とはＳＶとＳＶを結ぶ**接続詞**の役割のこと。

■ **関係節**はすべて**完全な文**。

関係代名詞

▣ 関係代名詞の種類

関係代名詞は１語で［接続詞＋代名詞］の役割をするものです。関係代名詞には，その格と何を指すかで次のようなものがあります。

	主格	所有格	目的格
人	who	whose	whom（who）
人以外	which	whose	which
人と人以外	that		that

次にあげる各例文の関係節内が完全な文であることを確認してみましょう。

 That is the city（which I visited last year）.
O' S' V

「それは私が去年訪れた街だ。」

The girl（who came to see you）was wearing a red shirt.
S' V

「君に会いに来た女の子は赤いシャツを着ていた。」

76

Beatrice lives in an apartment (whose rent is very high).
　　　　　　　　　　　　　　　　　　　S'　　V　　　C'

「ベアトリスは家賃がとても高いアパートに住んでいる。」

Which is the room (into which he went with his wife)?
　　　　　　　　　　　　　　　　　S'　　V'

「彼が奥さんといっしょに入っていった部屋はどれだ。」

The girl (with whom you were walking) was very tall, wasn't she?
　　　　　　　　　　　　S'　　　V'

「君がいっしょに歩いていた女の子はとても背が高かったね。」

これらの例文からもう一つ確認してもらいたいのは，**関係代名詞の格（主格・目的格・所有格）は，関係節の中での役割によって決まる**ということです。関係節の中で主語の役割をしていれば主格，他動詞や前置詞の目的語の役割をしていれば目的格です。

▣ 関係節の非制限用法（継続用法）

関係節は通常，先行詞にかかる，つまり先行詞を限定するものです。それに対して，関係節の前にカンマを置いて先行詞から切り離し，先行詞を限定しない用法があります。

先行詞を限定する用法を**制限用法（限定用法）**と呼ぶのに対して，この用法を**非制限用法（継続用法）**と呼びます。

例 Her car, which she bought two years ago, still looks brand new.
「彼女の車は，2年前に買ったのだが，いまだに新車のように見える。」

非制限用法の関係詞の先行詞は，この文のように特定の人や物であることが多いのですが，次の例のように不特定の人や物を先行詞とする場合は，制限用法との間で意味に違いが生じます。

He has two good friends who live in New York.（制限用法）
「彼にはニューヨークに住んでいる2人の親友がいる。」

He has two good friends, who live in New York.（非制限用法）
「彼には2人の親友がいて，彼らはニューヨークに住んでいる。」

制限用法の場合，ニューヨークに住んでいる2人の親友以外にも親友がいる可

能性が残されています。それに対して非制限用法の場合には，親友は2人しかいないことが暗に示されています。

また次のような用法も頻繁に使われます。

例 **He did not care about her feelings at all, which made her really angry.**

「彼は彼女の気持ちをまったく気にかけなかった。そのことで彼女はものすごく怒った。」

which はカンマの前の内容，つまり「彼が彼女の気持ちをまったく気にかけなかったこと」を指しています。

▣ 2重限定

関係節が2つ連続して，1つの先行詞にかかる場合があります。

例 **This is the only restaurant (I know) (which serves crocodile).**

「ここは私が知っている中で，ワニが食べられる唯一のレストランです。」

まず，かかられる名詞（先行詞）のすぐそばにある関係節（これを第1限定と呼びましょう），すなわちI know によってレストランの範囲を限定し，次に2つ目の関係節（これを第2限定と呼びましょう）which serves crocodile によってさらに限定しています。1つ目の関係節の冒頭にあるはずの関係代名詞は省略されています（p.85参照）。

この関係をベン図（集合を視覚的に表した図）で描くと，

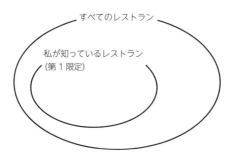

すべてのレストラン

私が知っているレストラン
（第1限定）

これを2つ目の関係節が限定して，

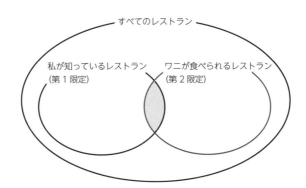

となります。

つまり，the only restaurant I know which serves crocodile は上のベン図の ▨ 部分にあたり，「私が知っているレストランの中で，ワニが食べられる唯一のレストラン」ということになります。

しかしよく考えてみてください。この現象は何も関係節だけに限ったことではありません。あらゆる形容詞は**2重限定**に使えます。

people living in this town who know me 「この町に住む私を知っている人々」

この例において，第1限定にあたるのは形容詞的用法の現在分詞句 living in this town で，第2限定にあたるのは関係節である who know me です。その2つが people に後ろからかかっています。すなわちこの句の真の意味は，「この町に住む人々の中で私を知っている人々」ということになります。

一番基本的な1語の形容詞でも同じです。

a big, red apple 「大きな赤いリンゴ」

1語の形容詞は基本的に前からかかります（p.6参照）。この例において第1限定にあたるのは名詞のそばにある red で，第2限定にあたるのは big です。したがってこの「大きな赤いリンゴ」の真の意味は，「赤いリンゴの中で大きなリンゴ」だということがわかります。

🔲 連鎖関係節

例 **The person (who I thought was honest) betrayed me.**

「正直だと思っていた人が私を裏切った。」

この例文では，関係節の中に一見，別のSV（I thought）が挿入されているかの

ように見えます。しかし SV の挿入の場合にはふつう,

　　He is, I think, honest.「私が思うに, 彼は正直だ。」

のように挿入される部分の前後にカンマがついて, わかりやすく示されることが多いですね。

　前ページの例文の場合, **連鎖関係節**といいますが, その成り立ちを理解すれば構造がよくわかるはずです。

①　The person betrayed me.

②　I thought he was honest.

　この 2 つの文を結びつけて 1 つの文にする場合, その結び目となるのは①の The person と②の代名詞 he です。he が The person を指しているからです。2 つの文を結ぶには接続詞が必要になります。ここでは一番単純な接続詞である and を使います。

①　The person betrayed me.

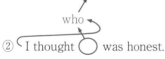

②　I thought he was honest.

　and he は［接続詞＋代名詞］＝関係代名詞 who でした。who は関係節を引き連れて, The person の直後に入ります。

①　The person betrayed me.

②　I thought ◯ was honest.

　これを前から 1 文で書くと,

　　The person (who I thought was honest) betrayed me.

となります。

◨ what

　what は形容詞節ではなく名詞節を作り,「〜もの」「〜こと」という意味になります。what 節は文中で **S, O, C, 前 O, 同格**の役割を果たします。

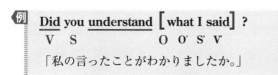

例 Did you understand [what I said] ?
　 V　S　　　　　　　 O O' S' V
　「私の言ったことがわかりましたか。」

[What you have] is different from mine.
S O' S'   V   V   C

「君が持っているものは僕のと違う。」

● what を使った慣用表現

□ A is to B what C is to D. 「A は B にとって，D にとっての C のようなものである。」

Air is to human beings what water is to fish.

「空気は人間にとって，魚にとっての水のようなものである。」

これは文の構造を分析すると，

A is < to B > [what C is < to D >].
S V   C C' S' V'

となります。

このような慣用表現は丸暗記するのではなく，しっかりと文の構造をとらえて理解しておけば，**忘れたときでも一から考えることで思い出せる**し，**単語や語順を変えられても応用がきく**し，何よりも理解することによって**勉強が楽しくなります**。

□ what is called ～ 「いわゆる～」

He is what is called a walking dictionary. 「彼はいわゆる生き字引だ。」

これは文の構造をとらえると，

[what is called ～] 「～と呼ばれるもの」

という名詞節になっています。

□ what is worse 「さらに悪いことに」

The wind was strong, and what was worse, it began to rain.

「風が強かった。さらに悪いことに，雨が降り始めた。」

例文では過去形で出ていますが，この文を使って上の慣用表現の成り立ちを説明すると，

～ and what was worse, it began to rain.

の部分は，

$\sim$ and $\begin{bmatrix} \text{what was worse} \end{bmatrix}$ was $\begin{bmatrix} \text{that it began to rain} \end{bmatrix}$.
      S   V   C

「～そしてさらに悪いことは雨が降り始めたことだった。」

の was that が省略されてカンマになったものだと考えられます。

◪ as, but, than

接続詞が関係代名詞として使われ始めたものだと考えられます。疑似関係代名詞などと言われたりしますが, れっきとした関係代名詞です。

□ as

接続詞 as と代名詞の 2 つの役割をするものです。

・such, the same, as と相関的に用いられます。

You should read such books (as will benefit you).

「君は自分のためになるような本を読むべきだ。」

▶ as は「～ように」という意味の接続詞と, books を指して will benefit の主語になる代名詞の 2 つの役割を果たしている。

This is the same shirt (as[that] I bought yesterday).

「これは僕が昨日買ったのと同じシャツだ。」

▶ as は「～ように」という意味の接続詞と, shirt を指して bought の目的語になる代名詞の 2 つの役割を果たしている。また, as の代わりに that を使ってもよい。

She is as selfless a person (as has ever lived).

「彼女はかつてまれに見る私心のない人だ。」

▶ as は「～ように」という意味の接続詞と, person を指して has ～ lived の主語になる代名詞の 2 つの役割を果たしている。ever は「時間全部を通して」という意味だが, ここでは動詞が現在完了形なので今までのすべての時間を表すことになる。

as, so, how, too などの副詞は a や an のそばに置くことができないので上のような語順になります。

You don't know how good a boy he is.

「君は彼がどんなにいい子かわかっていない。」

・主節やその一部を指すことがあります。

As you know, he is in love with your sister.

「知っての通り，彼は君のお姉さんに恋をしているよ。」

▶ As 節において As は「～ように」という接続詞と，主節の内容を指して know の目的語になる代名詞の 2 つの役割を果たしている。

★ FURTHER EXPLANATION

　上の例文において，know の後に主節の内容を指す it を置くと(As you know it)，As は接続詞になります(As you know it は本来主節の後にあった従属節が前に出たものなので, it が後のものを指すという逆転現象が起こっています)。したがってこの As 節の文法的解釈としては, As を関係代名詞ととらえてもよいですし，接続詞の As 節ととらえて, it が省略されていると考えても問題ありません。

　このように英語それ自体が本質的に関係代名詞や接続詞などという役割を持っているのではなく，あくまでも解釈する側がそう決めているだけなのです。かといって好き勝手な解釈ができるわけではありません。一定の基準に従って整合的であれば，関係代名詞と呼ぼうが接続詞と呼ぼうがどちらでもよいということです。後に出る関係代名詞の than についても同じことが言えます。

　5 文型の説明のところでも述べた通り，言語は本来切れ目のない自然現象です(p.9 参照)。もちろんそこにはある一定の論理が存在し，それを文法と呼ぶのですが，それは複雑に入り組み，かつ時とともに変化していくものです。それを品詞や文型や関係代名詞や接続詞などの文法用語を使って理解しやすいように整理し類型化したものが，みなさんが学ぶいわゆる学校文法(p.180参照)であり，僕はそれを文法のピラミッドという考え方を使って，体系化しているのです。

　本来雑多な自然現象であるものを整理し類型化し体系化しているのですから，文法には例外がつきものです。しかしそれは後にさまざまな英文に触れる中で学んでいけばよいでしょう。まず強固な体系を頭の中に構築することが先決です。

　慣用表現として，**as is often the case with ～「～にはよくあることだが」**があります。be the case with ～「～にあてはまる」。

　As is often the case with him, Michael was very quiet.

「マイケルにはよくあることだが，彼はものすごく静かだった。」

▶ この As 節は本来主節の後にあった従属節が前に出たものなので, him が後のものを指すという逆転現象が起こっている。

□ but

否定の意味を含む関係代名詞です。that[who, which] ～ not に相当します。通常，否定文中の名詞を先行詞とし，主格で使われ，**二重否定**(否定の否定で肯定になる)を作ります。

There is no rule but has some exceptions.

(= There is no rule that[which] does not have some exceptions.)

「例外のない規則はない。」

▶ 二重否定は肯定の意味になるので，any ではなく some が使われている。

□ than

接続詞 than と代名詞の 2 つの役割をするものです。

You should not take more medicine than is necessary.

「必要以上の薬を飲むべきではない。」

▶ than は接続詞 than と，medicine を指して is の主語になる代名詞の 2 つの役割を果たしている。

He grows more vegetables than his family can eat.

「彼は家族で食べきれない量の野菜を育てている。」

▶ than は接続詞 than と，vegetables を指して can eat の目的語になる代名詞の 2 つの役割を果たしている。

Key Points

■ 関係代名詞の格(主格・所有格・目的格)は，関係節の中での役割によって決まる。

■ 非制限用法と制限用法の意味の違いに注意。

■ 2 重限定はあらゆる形容詞に共通。

■ 連鎖関係節の成り立ちを理解しよう。

■ what 節は「～もの」「～こと」。

2 関係副詞

関係副詞は1語で［接続詞＋副詞］の役割をするもので，主に次の4つがあります。

☐ **when**：time, day, year など，時を表す名詞を先行詞にとる。

That was the day (when you met <u>your wife</u> for the first time).
　　　　　　　　　　S'　　V'　　O'
「それは君が初めて奥さんに出会った日だった。」

☐ **where**：place, country, case, situation など，場所や場合，状況を表す名詞を先行詞にとる。

The country (where I bought <u>this clock</u>) was Belize in Central America.
　　　　　　　　　S'　　V'　　　　O'
「僕がこの時計を買った国は中央アメリカのベリーズだった。」

☐ **why**：reason「理由」を先行詞にとる。

I don't know the reason (why he said so).
　　　　　　　　　　　　　　S'　V'　O'
「彼がそう言った理由がわからない。」

☐ **how**：先行詞に当たる名詞は way「方法」だが，慣用的に先行詞は省略され，名詞節を作る。

That's [how he <u>started to work</u> here].
　　　　　　S'　　　　V'
「そのようにして彼はここで働き始めたのだ。」

◉ **関係詞の省略**

ここで，関係詞の省略について説明しておきましょう。

一般に省略ということがなぜ行われるのでしょうか？　それは考えてみればすぐにわかります。その省略されるものがなくてもよい，不必要なものだからです。

では，関係節において関係詞がなくてもよい，不必要な場合とはどんなときでしょうか？

それは関係詞がなくても関係節であることが一目瞭然の場合です。具体的には

関係詞の直後に SV が続くときです。

たとえば次の例文を見てください。

I want to read the book (which she gave me).

「私は彼女にもらった本を読みたい。」

この文では、関係代名詞 which の直後に she gave と SV が続いています。この場合、which を省略してもその後に続くものが関係節であることは一目瞭然です。

I want to read the book (she gave me).

一般に目的格の関係代名詞は SV が直後に続くので省略できます。

連鎖関係節の場合も SV が直後に続くので、当然、省略可能です。連鎖関係節の説明（p.79参照）で使った例文の場合、

The person (who I thought was honest) betrayed me.

から who を省略して、

The person (I thought was honest) betrayed me.

とすることができます。

関係副詞の場合もやはり SV が直後に続くので、省略可能です。関係副詞の説明（p.85参照）で使った4つの例文から関係副詞を省略すると、

That was the day (you met your wife for the first time).

The country (I bought this clock) was Belize in Central America.

I don't know the reason (he said so).

That's the way (he started to work here).

▶ how を省略する場合には先行詞の the way が残る。

また、関係副詞の場合、why と how の先行詞はそれぞれ reason と way に決まっていますし、when や where に関しても先行詞が time や place の場合にはわかりきっているので、先行詞も省略できます。

That was [when you met your wife for the first time].

[Where I bought this clock] was Belize in Central America.

I don't know [why he said so].

That's [how he started to work here].

　前にも書いた通り，文法のルールはあいまい性を避け一義的に意味が決まるように自然に生まれたものなのです（p.68参照）。「目的格の関係代名詞は省略できる」などと理由のわからないルールを覚えるのではなく，省略の意味を理解すれば，忘れにくいし，応用がきくし，勉強ももっと楽しいものになるはずです。

　一般に副詞は［前置詞＋名詞］に書きかえられることがよくあります。日本語でも「そこに」という副詞は「そこ」と「に」からできています。「そこ」は代名詞，「に」は助詞です。日本語の助詞に当たるものは英語では前置詞です。

　when を例にとって具体的に見てみましょう。p.85の1番目の例文については，次のような書きかえが可能です。

　　That was the day when you met your wife for the first time.
　　　　　　　　　　　　↓
　　That was the day on which you met your wife for the first time.

　　▶ day につく前置詞は on なので, on を使う。また，関係代名詞の that を前置詞の直後に置いて on that とすることはできない。
　　　　　　　　　　　　↓
　　That was the day（which）you met your wife for the first time on.

　　▶（　　）内は省略可能。
　　　　　　　　　　　　↓
　　That was the day（that）you met your wife for the first time on.

　　▶ 関係代名詞の that 。（　　）内は省略可能。

　また，**関係副詞の代用の that** と呼ばれる that もあり，それを使うと，

　　That was the day that you met your wife for the first time.

となります。

　the way と how は同時に使うことができないので，関係副詞の代用の that や［前置詞＋関係代名詞］は the way とともに多用されます。

　　That's the way that he began to work here.

　　That's the way in which he began to work here.

　　▶ way につく前置詞は in なので, in を使う。

　関係副詞の代用の that は why の代わりにもよく使われますが，where の代わりにはあまり使われません。おそらく関係代名詞と勘違いされやすいからだと思われます。

③ 関係形容詞

関係形容詞は 1 語で ［接続詞＋形容詞］ の役割をするもので，主に次の 2 つがあります。

□ **what「すべての」**：先行詞はなく，「すべての」という意味になる。

She gave me [what money she had].
　S　V　O₁ O₂　O'　　　S'　V'

「彼女は持っていたお金をすべて僕にくれた。」

what は 2 つの SV を結ぶ接続詞の役割と，money にかかる「すべての」という意味の形容詞の役割をしています。

□ **which「その」**：直前の名詞か，カンマの前の内容を指す。

He was born in Ethiopia, ＜ which country ＞ he loved all his life.
S　　V　　　　　　　　　　　　　O'　　　　　S'　　　V'

「彼はエチオピアに生まれ，その国を一生愛した。」

which は 2 つの SV を結ぶ接続詞の役割と，Ethiopia を受けて country にかかる形容詞の役割をしています。

She will be accepted at Tokyo University, ＜ in which case ＞ she will live
S　　V　　　　　　　　　　　　　　　　　　　　　　　　　S'　　V'

in Tokyo.

「彼女は東大に受かるだろう。そしてその場合には東京に住むことになるだろう。」

which は 2 つの SV を結ぶ接続詞の役割と，カンマの前の内容を受けて case にかかる形容詞の役割をしています。

Key Points

■ 関係形容詞の what は「すべての～」という意味。

■ 関係形容詞の which は直前の名詞か，カンマの前の内容を指す。

Exercise 10

次の各英文(1)～(5)の空所にあてはまるものを，ア～エの中からそれぞれ1つ選びなさい。

(1) He told me he would visit the country (　　　) his wife was really fond of.
ア what　　　イ which　　　ウ where　　　エ why

(2) Did you understand (　　) he said?
ア what　　　イ which　　　ウ where　　　エ when

(3) That is (　　) I do not agree with you.
ア what　　　イ which　　　ウ where　　　エ who

(4) This is (　　) he met her.
ア what　　　イ which　　　ウ how　　　エ that

(5) Is this the room in (　　) he was with his dog?
ア what　　　イ which　　　ウ where　　　エ when

Exercise 11

次の各文(1)～(5)を英訳しなさい。

(1) 彼は私に中国語を教えてくれた人です。
(2) 私は彼が生まれた国を訪れた。
(3) 彼が食べているものを私も食べたい。
(4) 彼が話していた本は読んだことがない。
(5) このようにして彼はその事故に巻き込まれたのです。

Chapter 10 時制

時制には**過去，現在，未来**の３つがあります。そしてそのそれぞれが**単純形，進行形，完了形**の３つの形をとります。この３つの形が表すものは**相（アスペクト）**と呼ばれるのですが，下の図のように表すと，単純相を表す単純形は正面を向いた形，進行相を表す進行形は未来である右を向いた形，完了相を表す完了形は過去である左を向いた形となります。アスペクトはそれぞれの時制が持つ時間に対するかまえのようなものです。

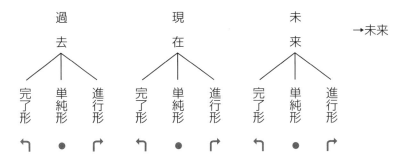

単純形

その名のとおりシンプルなふつうの形です。

> 例 **I loved you before, but I don't love you any more. I will leave tomorrow.**
>
> 「以前はあなたを愛していたわ。でももう愛していないの。明日出て行くわ。」

英語では，他のヨーロッパ言語と違って，語形の変化で未来時制を表すことができません。したがって，代わりに未来の助動詞 will を用いて表します。他にも be going to を使うなど，いくつかの方法があります。

進行形

過去形や未来形は原則として現在形と同じですので，現在形を見てみましょう。
さて，動詞は大きく分けて，状態を表すもの（**状態動詞**）と，動作を表すもの（**動作動詞**）に分けられます。進行形において使われるのは動作動詞です。

その動作動詞もまた，継続的な動作を表す動詞（**継続動詞**）と瞬間的な動作を表す動詞（**瞬間動詞**）に分けることができます。

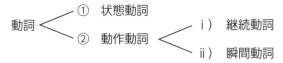

① **状態動詞**

一般に進行形や命令形にできず，自分の意志で左右できないことを表す場合が多いです。

現在形の場合，単純形で**現在の事実**を表します。

例 **I know him.** 「私は彼を知っている。」（**現在の事実**）

② **動作動詞**

一般に進行形や命令形にでき，自分の意志で左右できることを表す場合が多いです。

i) **継続動詞**

単純形では**習慣・習性**，進行形になってはじめて**現在の事実**を表します。

例 **He plays the guitar.** 「彼はギターを弾く。」（**習慣・習性**）
He is playing the guitar. 「彼はギターを弾いている。」（**現在の事実**）

ii) **瞬間動詞**

単純形では**習慣・習性**，進行形になると**近未来**を表します。

例 **People die.** 「人は死ぬものだ。」（**習慣・習性**）
The soldier is dying. 「その兵士は死にかけている。」（**近未来**）

進行形とはその名の通り，事態が進行していることを表します。継続動詞の例文の He is playing the guitar. でも，「まだ当分弾き続ける」ことが含意されています。

die「死ぬ」というのは瞬間的な動作です。その長さのない「死」の瞬間に同時に「彼は死んでいる」とは発言できません。

The soldier is dying の場合，発言は死の瞬間の前に行われ，死の瞬間へと進行していくことが表されるため，近未来の意味を持つようになるのです。

したがって訳すときは，「〜しつつある」「〜しそうである」「〜しかけている」

「～しようとしている」「～するところだ」などとすればよいでしょう。

★ FURTHER EXPLANATION

　厳密にはあらゆる動詞に状態性と動作性が同居しており，その割合が動詞によって異なるだけです。たとえば，一般に状態動詞と考えられている know にも動作性があり，

　　I'm knowing him little by little. 「彼のことが少しずつわかってきた。」
などという文は，ごく頻繁に使われます。

　また継続動詞と瞬間動詞という区別についても，同じ動詞が継続動詞として使われたり，瞬間動詞として使われたりと，さまざまなケースがあります。長さを持つものも離れたところから見ると点に見えるように，未来の継続も現在から見ると瞬間に見えます。したがって継続動詞である play も進行形で使われて，

　　I'm playing the guitar tomorrow. 「僕は明日ギターを弾くよ。」
と近未来の意味を表すことがあります。

　このように現実は，紋切り型になりがちな文法的説明と違ってもっと複雑です。しかし今は例外的なことや細かいことよりも，大枠を理解することが重要です。

・現在進行形が always や forever などの頻度を表す語を伴って，**反復的な習慣**を表すことがあります。多くの場合，話者の非難などの感情が込められます。

　　He is always making the same mistake.

　　「彼はいつも同じ間違いばかりしている。」

・状態動詞を進行形にして**一時的な状態**を表す場合があります。

　　He is being mean today. I wonder what happened to him.

　　「彼は今日は意地悪だわ。どうしたのかしら。」

▣ 完了形

● 現在完了形
過去の状態や動作の影響が，現在まで続いていることを表します。

わかりやすい例をあげてみましょう。次の2つの文を比べてみてください。

例　〈1〉　**He came here.**「彼はここに来た。」

　　〈2〉　**He has come here.**「彼はここに来た。」

　左の２つの例文は，訳すと同じ日本語になってしまいます。しかし，明らかな
ニュアンスの違いが存在するのです。

　〈1〉は過去形の文です。彼がここに来たのが仮に一時間前だとすると，この文
はそのときのことにしか言及していません。すなわち，**今彼がここにいるかどう
かはわからない**のです。

　それに対して〈2〉では，彼がここに来たのが１時間前だとして，その影響が現
在まで続いていること，すなわち**今彼がここにいる**ことが含意されています。

　現在完了形は，**完了・結果，経験，継続**の３つの意味を表します。

① **完了・結果：「～してしまった」「～したところである」**

例　**Have you eaten yet ?** 「もうごはんを食べたの。」

just「ちょうど」, **now**「いま」, **already**「すでに」, **yet**「まだ，もう」な
どの副詞を伴うことが多いです。

　▶ 行為が完了したことに意味の重点が置かれている場合を「完了」といい，行為が完了
　　した後に結果的に現れた状態に意味の重点が置かれている場合を「結果」という。完
　　了と結果は行為のどの部分に焦点が当てられているかの違いにすぎないので，本書で
　　は同じものとして扱う。

② **経験：「～したことがある」**

例　**Have you ever been to Guatemala?**
　　「グアテマラに行ったことがありますか。」

ever「かつて」, **never**「決して～ない」, **before**「以前に」, **once**「一度」,
often「よく」, **sometimes**「ときどき」, **many times**「何度も」などの副詞
語句を伴うことが多いです。

③ **継続：「(ずっと)～している」**

例　**He has been dead for five years.** 「彼が死んで５年になる。」

for ～「～の間」, **since ～**「～以来」, **How long**「どのくらい」, **always**
「いつも」などの副詞語句を伴うことが多いです。

　動作動詞の継続は，一般に**現在完了進行形**で表します。

　Pam has been dancing since this morning.

　「パムは今朝からずっと踊っている。」

また，現在完了形はあくまでも現在形なので過去の一時点を表す副詞といっしょには使えません。

He has come here an hour ago.（×）

an hour ago は過去の一時点を表す副詞なので，現在完了形といっしょには使えません。ここでは has come を過去形の came にしなければなりません。

→ He came here an hour ago.（○）

「彼は1時間前にここに来た。」

もう1つ見てみましょう。

I have seen this movie when I was a child.（×）

when I was a child も過去の一時点を表す副詞なので，現在完了形といっしょには使えません。ここでは have seen を過去形の saw にしなければなりません。

→ I saw this movie when I was a child.（○）

「私は子どもの頃にこの映画を見た。」

ある現在完了形の文が完了・結果，経験，継続の3つのうちどの意味で使われているかは，**動詞の種類**（be 動詞などの継続的な状態を表しやすい動詞か，come などの瞬間的な動作を表しやすい動詞か，など）と**文脈**（前後の文の作る意味）と**使われている副詞**によって判断できます。

● **過去完了形・未来完了形**
過去や未来のある時点よりも前の状態や動作の影響が，その時点まで続いていることを表します。

現在と違って過去や未来の時点は無限に存在するため，過去完了形や未来完了形の文では同一文内かその前後の文で**時の基準**を具体的に示さなければなりません。これが現在完了形とは異なるところです。

| 過去の過去 | 過去完了 | 過去
（時の基準） | 現在 |

He had already gone home <u>when I went to see him at his office.</u>
（時の基準）

「彼の会社に彼に会いに行ったとき，彼はすでに帰宅していた。」

▶ 意味は完了。

過去　　　　　　　　　現在　　　未来完了　　　未来
　　　　　　　　　　　　　　　　　　　　　　（時の基準）

He will have lived in Paris for two years <u>by this coming July</u>.
　　　　　　　　　　　　　　　　　　　　（時の基準）

「彼はこの７月でパリに２年間住んでいることになる。」

▶ 意味は継続。

　過去完了形も未来完了形も，現在完了形と同じように**完了・結果，経験，継続**の３つの意味を表しますが，過去完了形には１つ，他にはない重要な用法があります。それは**大過去**です。

　大過去は，前ページの時を表す直線で「過去の過去」と表示している時点を表します。すなわち過去から見た過去であって完了形とは意味が違うのですが，それを表すための形がないので過去完了形を代用します。

Joan told me that she had read 'The Catcher in the Rye' the day before.

「ジョーンは前日に『ライ麦畑でつかまえて』を読んだと僕に言った。」

Exercise *12*

　次の各日本語文(1)～(10)を英訳しなさい。

(1)　2011年までユリと僕は10年間，同じ町に住んでいた。

(2)　メキシコに行ったことがありますか。

(3)　マイクが来たとき，俺はシャワーを浴びていた。

(4)　明日来るのですか。

(5)　来月フランスに行くと，彼はフランスに３回行ったことになる。

(6)　私がその店を出ようとしていたときに雨が降り出した。

(7)　彼は今朝からずっと靴を磨いている。

(8)　「もうこの本読んだの。」「まだよ。」

(9)　彼は毎朝ジョギングをする。

(10)　どのくらいここにいるの。

- 時制には，過去・現在・未来の３つがあり，そのそれぞれが完了相・単純相・進行相の３つの相（アスペクト）を持つ。
- 状態動詞の現在単純形は現在の事実。
- 継続動詞の現在単純形は習慣・習性，現在進行形は現在の事実。
- 瞬間動詞の現在単純形は習慣・習性，現在進行形は近未来。
- 完了形の意味は完了・結果，経験，継続。
- 動作動詞の継続は完了進行形。
- 過去完了形には大過去の用法がある。

Chapter 11　受動態

　態とは動詞が表す動作に対して主語が持つ関係のことです。「～する」という能動の関係を表す表現を**能動態**といい，「～される」という受動の関係を表す表現を**受動態**といいます。「～される」というのは，その日本語からも推察できる通り，能動態の文の目的語を主語に置きかえた表現です。よって目的語（O）を持つ文型，つまり第3文型・第4文型・第5文型の文からしか受動態は作れません。

　まず，基本的な受動態の作り方を見てみましょう。第3文型・第4文型・第5文型を一般化すると次のようになります。

S　　　V　　　O　　　～.

　～の部分には，第3文型だとMが入り，第4文型だとOが入り，第5文型だとCが入ります。これを受動態に変えると次のようになります。

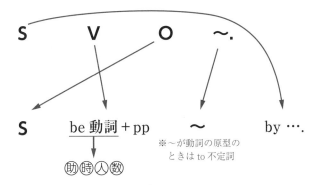

　ここには2段階の処置が含まれています。

　まずOをSに，Vをbe動詞＋過去分詞（pp）にそれぞれ変え，～の部分をそのまま下ろしてきます。ただし，～が動詞の原型の場合はto不定詞に変えます。そしてSをby …の形にして文末に置きます。ここまでが第1段階の処置です。

　次に第2段階の処置として，be動詞をもとの文の助動詞と時制，主語の人称と数に合わせて変化させます。助動詞には進行形（be動詞＋～ing，be動詞は助動詞）と完了形（have＋pp，haveは助動詞）も含まれます。

　ではさっそく，具体的に書きかえてみましょう。

次の文を受動態に変えなさい。

He teaches German in this university.

「彼はこの大学でドイツ語を教えている。」

この文を文の要素に分解しましょう。

He teaches German in this university.

　S　　V　　O　　　　M

まずこれに第1段階の処置をほどこすと,

German be taught by him in this university.

となります。by him は in this university よりも短いので前に置きました。一般に副詞的要素が複数並ぶ場合, 短いものが前に来る傾向があります。

　次に第2段階の処置として, be に助動詞, 時制, 人称, 数に関して変化を加えると, 助動詞なし, 現在形, 3人称, 単数で, is になります。

　答　**German is taught by him in this university.**

例題 2　次の文を受動態に変えなさい。

You must give back this money to the banker.

「君はその銀行員にこのお金を返さなければならないよ。」

この文を文の要素に分解すると,

You must give back this money to the banker.

　S　　　V　　　　O　　　　　M

となり, これに第1段階の処置をほどこすと,

This money be given back to the banker (by you).

となります。by you は形式的に残していますが, 実際の英語では文脈上明らかな場合には省きます。

　次に第2段階の処置として, be に助動詞, 時制, 人称, 数に関して変化を加えると, 助動詞は must , 時制は現在, 3人称, 単数で, must be になります。

　答　**This money must be given back to the banker (by you).**

例題 3　次の文を受動態に変えなさい。

He is playing my guitar.「彼は僕のギターを弾いている。」

この文を文の要素に分解すると,

He is playing my guitar.

  S   V   O

となり，これに第1段階の処置をほどこすと，

    My guitar be played by him.

となります。

　次に第2段階の処置として，be に助動詞，時制，人称，数について変化を加えると，現在進行形かつ3人称単数なので, is being になります。

答 **My guitar is being played by him.**

◀**例題4** 次の文を受動態に変えなさい。

Naomi has seen her brother enter the room.
「ナオミは彼女の弟がその部屋に入るのを見た。」

　この文を文の要素に分解すると，

    Naomi has seen her brother enter the room.

      S   V   O   C

となり，これに第1段階の処置をほどこすと，C が動詞の原型なので to 不定詞に変え，

    Her brother be seen to enter the room by Naomi.

となります。

　次に第2段階の処置として，be に助動詞，時制，人称，数について変化を加えると，現在完了形かつ3人称単数なので, has been になります。

　Her が Naomi に先行しているので順序を入れかえます。

答 **Naomi's brother has been seen to enter the room by her.**

◀**例題5** 次の文を受動態に変えなさい。

The police looked into the matter.「警察はその問題を調査した。」

　自動詞＋前置詞の場合，前置詞までを他動詞と考えて文の要素に分ければよいのです。

    The police looked into the matter.

       S   V   O

　これに第1段階の処置をほどこすと，

The matter be looked into by the police.

となり，次に第2段階の処置をほどこすと，be は was になります。

答 **The matter was looked into by the police.**

例題6 次の文を受動態に変えなさい。

He took good care of his old mother. 「彼は老母の世話をよくした。」

文の要素に分解すると，

He took good care of his old mother.
S   V   O   M

となり，これに第1段階の処置をほどこすと，

Good care be taken of his old mother by him.

となり，次に第2段階の処置をほどこすと，be は was になります。

of his old mother は by him よりも長いが，taken との結びつきが強いので taken の直後に置きます。

答 **Good care was taken of his old mother by him.**

また，次のように分解することもできます。

He took good care of his old mother.
S   V   O

これに第1段階の処置をほどこすと，

His old mother be taken good care of by him.

となり，次に第2段階の処置をほどこすと，be は was になります。

答 **His old mother was taken good care of by him.**

このように文の要素の分け方によって，複数の受動態の文を作れることがあります。

また，第4文型の文の場合，2つのO それぞれを主語に変えることによって，原則として2通りの受動態の文を作ることが可能です。

たとえば，

She gave me a book.「彼女は僕に本をくれた。」

→ A book was given (to) me by her.(直接目的語を主語とする場合)

→ I was given a book by her.(間接目的語を主語とする場合)

しかし，第4文型から第3文型に書きかえるときに for を用いる動詞（p.32参照）や bring, write, sell, pass, read など，間接目的語を主語とする受動態に書きかえることが一般にはできない動詞も存在します。

> **例題 7** 次の文を受動態に変えなさい。
> **Who will eat this cake?**「誰がこのケーキを食べるのですか。」

文の要素に分解してみましょう。

Who will eat this cake?
 S   V   O

これに第1段階の処置をほどこしましょう。

This cake be eaten by whom?

次に第2段階の処置をほどこすと，be が will be になります。

This cake will be eaten by whom?

今回は疑問文の語順にするために，さらに第3段階の処置が加わります。SVを倒置させて，疑問詞を文頭に持ってきます。

答 **By whom will this cake be eaten?**

また，whom だけを文頭に持ってくることもできます。現代英語では前置詞の直後ではない場合，whom は一般に who で代用します。

答 **Who will this cake be eaten by?**

　英語指導者の中には，受動態の書きかえなどは最近の入試では扱われないので，練習しなくてもよいと言う人もいるようです。しかし，大学入学共通テストなどに見られる穴埋め式の数学の問題で高得点を取るためには，国公立大学の二次試験のような記述の練習をしておかなければならないのと同様に，受動態の穴埋め問題や語句整序問題なども，英文全体が書ける人だけが自信を持って高得点を取れるのです。その対策の意味でも，やはりここにあげたような基本的な書きかえはできなければなりません。

　また，受動態のマスターのためだけではなく，実際に鉛筆を使って受動態の書きかえを行うことによって，時制，語順，助動詞などさまざまな要素を踏まえた言語運用能力が鍛えられます。これこそが実は，受動態そのものよりも重要なことなのです。受動態の書きかえは総合力としての英語の力を伸ばす，またとない機会です。そしてそれがそのまま，英作文の力に直結しています。

次の各文(1)～(5)を受動態に変えなさい。

---

(1) He is visiting Egypt next year.

(2) The police officer saw the woman get out of the room.

(3) What will they eat at the restaurant?

(4) Maria has never eaten raw fish before.

(5) Who is going to buy such an expensive car?

Key Points

■「～する」は能動態。その目的語を主語に持つ「～される」は
  受動態。

■ 第3, 4, 5文型の文しか受動態に変えることはできない。

比較表現には**原級，比較級，最上級**の３種類があります。それぞれの特徴を
しっかり理解しましょう。

◎ 原級

☐ as ～ as … 「…と同じくらい～」

Deborah is <u>as</u> tall <u>as</u> her sister. 「デボラはお姉さんと同じくらい背が高い。」
これを否定文にすると，次のようになります。

☐ not as ～ as …
not so ～ as … 〉「…ほど～ない」

「…ほど」という訳が，この表現の意味を表すのにピッタリなのでおさえてお
きましょう。

I am <u>not</u> as [so] tall <u>as</u> he (is).

「僕は彼ほど背が高くない。」

▶ he で文が終わるのは音声的に不自然な感じがするので is を省略しないことが多い。あ
るいは as の前置詞っぽさに引っ張られて ～ as him とすることもよくある。

また twice, three times, half などをつけると，倍数表現になります。

I have <u>twice</u> as many comic books <u>as</u> my brother.

「僕は弟の２倍の数の漫画本を持っている。」

◎ 比較級

☐ more ～
-er 〉 than … 「…よりも～」

原則として長い単語は more ～，短い単語は -er になりますが，例外も多いの
で辞書などでそのつど確認しましょう。

He gets up <u>earlier than</u> me [I]. 「彼は僕よりも早く起きる。」

▶ 論理的には I が正しいと考えられるが，接続詞 than の前置詞っぽさに引っぱられて，
実際には me を使うのがふつう。

① **名詞の反復を避けるための that［those］**

2つのものを比較する場合，同じ種類のものでなければなりません。たとえば，「インドの人口は日本よりも多い。」の場合，

The population of India is larger than Japan.（×）

とすると，「人口」と「日本」とを比べることになってしまい，誤りです。同じ種類のものどうしを比べるには，「人口」を指す代名詞を使います。

The population of India is larger <u>than</u> that of Japan.（○）

複数形の場合は those を使います。

The watermelons in this shop are sweeter than those in that supermarket.

「この店のスイカはあのスーパーマーケットのスイカよりも甘い。」

② **「より〜なほう」の the**

2つのものの比較では，「より〜なほう」は1つに特定されるので the がつきます。日本語でも2つのものの間では，「一番〜なもの」ではなく「〜なほう」と言いますが，それと同じです。この the は定冠詞の the であって，後に出てくる the ＋比較級の the とは別物です。

This song is <u>the</u> better of the two.

「その2つではこの歌のほうがよい。」

③ **比較級の強調**

比較級の強調には **much, far「はるかに，ずっと」**や，**even, still「さらに，いっそう」**などを使います。

His dog runs <u>much</u> faster than him.

「彼の犬の方が彼よりもずっと速く走る。」

上の例文では，「him が速く走る」ということは含意されていません。つまり，him の足が速いかどうかはわからないのです。このように much や far では比較対象の程度は示されていません。しかし even, still では，それが含意されています。

His dog runs even faster than him.「彼の犬は彼よりもさらに速く走る。」

▶ 彼の足が速いことが含意されている。直前に He runs fast. などと，彼が速く走ることがすでに示されている場合などに使う。

④ **劣等比較**

優等比較の more に対して，less を使うものを**劣等比較**といいます。less 〜than … 「…ほど〜ない」となります。ここでも「…ほど」という訳を覚えておきましょう。

Shoes are <u>less</u> expensive in the Philippines <u>than</u> in Japan.

「フィリピンでは靴は日本ほど高くない。」

◎ 最上級

比較級の場合と同様，原則として長い単語は most ～，短い単語は –est になりますが，例外も多いので辞書などでそのつど確認しましょう。

He is <u>the most</u> hardworking student in this school.

「彼はこの学校で最も勤勉な学生である。」

「～の中で」を表す場合，上の例文の this school のように大きなまとまりを表す名詞には「～の中」を基本的意味に持つ in を使います。それに対して，多くの要素の中から1つを取り出すような場合は，「～から」を基本的意味に持つ of を使います。次の例文を見てください。

He eats (<u>the</u>) <u>fastest</u> of us all.

「彼は私たちみんなの中で最も食べるのが速い。」

▶ 副詞の最上級には the をつけなくてもよい。

最上級を強調する場合には，**by far「断然一番～，ずば抜けて～」**が使えます。

He is <u>by far</u> the youngest of all.「彼はみんなの中でずば抜けて若い」

◎ 最上級・比較級・原級の書きかえ

He is <u>the youngest</u> boy in this neighborhood.

「彼はこの近所で最も幼い男の子である。」

= He is <u>younger than any other</u> boy in this neighborhood.

「彼はこの近所の他のどの男の子よりも幼い。」

= <u>No other</u> boy in this neighborhood is <u>younger than</u> him.

= <u>No other</u> boy in this neighborhood is <u>as</u> [<u>so</u>] young <u>as</u> he is.

「この近所には彼ほど幼い男の子は他にはいない。」

Love is <u>the most</u> important thing.「愛は最も大切なものである。」

= Love is <u>more</u> important <u>than anything else</u>.

「愛は他の何物よりも大切である。」

= <u>Nothing</u> is <u>more</u> important <u>than</u> love.

= Nothing is <u>as</u> [<u>so</u>] important <u>as</u> love.

「愛ほど大切なものはない。」

🔲 原級を用いた慣用表現

① **as ～ as possible [one can]「できるだけ～」**

She walked <u>as</u> fast <u>as possible</u>.「彼女はできるだけ速く歩いた。」

② **as ～ as any 単数名詞「どんな…にも劣らず～」**

Horyuji Temple is <u>as</u> old <u>as any</u> temple in Japan.

「法隆寺は日本のどの寺院にも負けない長い歴史を持つ。」

③ **not so much ～ as …「～というよりもむしろ…」**

He is <u>not so much</u> a teacher <u>as</u> a writer.「彼は教師というよりはむしろ作家だ。」

④ **not so much as ～「～さえしない」**

She did<u>n't so much as</u> tell me her name.「彼女は名前さえ教えてくれなかった。」

🔲 比較級を用いた慣用表現

比較級を用いた表現では，［the ＋比較級］と［no ＋比較級］の理解が重要になります。まず，［the ＋比較級］から見ていきましょう。

① **the 比較級 ～, the 比較級 …「～すればするほど…だ」**

<u>The earlier</u> you get up, <u>the more</u> things you can do.

「早く起きれば起きるほど，多くのことができる。」

「～すればするほど」の the は従属節の頭に来ていることから，従位接続詞の役割を果たしていることがわかります。また，この the は直後の比較級の形容詞あるいは副詞にかかっているので，副詞の役割も果たしています。1 語で接続詞と副詞の役割を果たしているのですから，この the は関係副詞だということになります（Chapter 9 参照）。この the はこの構文くらいでしか使われないものなので，それほど重要ではありません。問題は主節の頭に来ている the です。これは**指示副詞**と呼ばれるもので，意味は**「その分だけ」**となります。文法用語には役割がそのまま表れています。「指示」とは，ここでは従属節の内容を指すことです。そして「副詞」とあるのは，当然，直後の比較級の形容詞あるいは副詞にかかっているからです。したがってこの構文では，指示副詞を介して，従属節の内容を主節の比較級の形容詞あるいは副詞に伝えているのです。

その (指示)　分だけ (副詞)

the 比較級 ～, the 比較級 …

② **the 比較級 for［because］〜「〜なのでいっそう［なおさら］…」**

この構文の the もやはり指示副詞で，ここでは for［because］〜を指してい
ます。

the 比較級 for［because］〜

She has got the worse because she went into the hospital.
「彼女の病気は入院したことでいっそう悪くなった。」

I like him all the better for his faults.
「私は彼の欠点のために，なおさら彼のことが好きだ。」

▶ all は「まったく〜」という強調の副詞。

I like him none the less for his faults.
「私は彼の欠点にもかかわらず，彼のことが好きだ。」

▶ none は「まったく〜ない」という否定の強調の副詞。この文は，「彼の欠点のため
に，彼のことが好きな気持ちがその分少なくなることはまったくない」という 2 重
否定の構造を持っている。

この構文では for［because］〜がないことも多く，その場合には the は次に
あげる例文のように if 節の内容や前文の一部など，何か他のものを指すこと
になります。the 比較級 for［because］〜の形を暗記しているだけでは，この
ように変則的なものに出会ったときに応用がききません。

If you do it right away, you can finish it the sooner.
「今すぐそれをやれば，それだけ早く仕上げられるだろう。」

He said nothing. Then his wife became all the more angry.
「彼は何も言わなかった。すると彼の奥さんはいっそう腹を立てた。」

③ **比較級 and 比較級「ますます〜，だんだん〜」**

It's getting darker and darker outside.「外はますます暗くなりつつある。」

④ **much［still］more［less］〜「まして〜はなおさらである」**

　肯定文＋ much［still］more 〜
　否定文＋ much［still］less 〜

He can swim 100 meters, much more 50 meters.
「彼は100メートル泳げる。50メートルなんてなおさらだ。」

I cannot even touch a snake, much less eat it.
「私はヘビを触ることさえできない。まして食べることなんてなおさらできない。」

▶ much less の代わりに，let alone 〜も使える。

⑤ **no more ～ than … 「…と同様～ない」**

　いわゆる「クジラの構文」として知られている，あらゆる場面において頻繁に使われる構文です。その名前は次の例文に由来します。

　　A whale is <u>no more</u> a fish <u>than</u> a horse is.
　　「クジラは馬と同様，魚ではない。」

　more につく no は more の程度，つまり比較された 2 つのものの差を表します。two years older が 2 年分だけ older で「2 歳年上」，much more beautiful が much「大いに」の分だけ more beautiful で「はるかに美しい」というのと同じです。two years「2 年」，much「大いに」に対し，no は「全然～ない」という意味を持ちます。これが more につくと，more の程度が，つまり比較された 2 つのものの差が「全然ない」ということになります。

　文末の a horse is の後には省略があります。省略されるものはふつう，直前のわかりきったものですので，ここでは a fish だとわかります。接続詞 than は SV どうしを結ぶので，この例文は a whale is a fish と a horse is a fish を比べ，その差が「全然ない」ということを表しています。すなわち，

　　「クジラが魚である度合い＝馬が魚である度合い」

となります。

　したがって，上の文は「クジラは馬が魚であるのと同じくらい魚である」という意味になります。これがこの構文が本来持つ，英語それ自体の文字通りの意味です。

　しかし，多くの場合これに比較の対象として極端な常識が加味されます。「馬は魚ではない」ということは誰もが知っていること，すなわち常識です。これは言いかえれば，「馬が魚である度合いはゼロ」ということです。これを加味して，クジラが魚である度合いと馬が魚である度合いがイコールであり，かつ馬は魚ではない（馬が魚である度合いはゼロ）としたら，クジラも魚ではない（クジラが魚である度合いもゼロ），ということになりますね。したがって，

　　クジラが魚である度合い＝馬が魚である度合い
　　　　　　　　　　＋　　　　　　　　　　　　　　　} ＝ クジラは馬が魚では
　　　　　常識（馬は魚ではない）　　　　　　　　　　　　ないのと同様，魚で
　　　　　　　　　　　　　　　　　　　　　　　　　　　　はない

となります。

　このように，この構文は than の後に常識的にわかりきった極端な例（度合いが 0 の例）を持ってきてそれと比較することで，話題となっていることの否定を強調するためのものだと言えます。

さらに例をあげてみましょう。

He can no more swim than a hammer can.

「彼はかなづちと同様，泳げない。」

He can swim と a hammer can swim を比べ，両者の度合いが同じだと述べています。ここで極端な常識を加味します。a hammer「かなづち」が泳げないということは誰もが知っている常識です。彼の泳ぎがそれと同程度ということは，彼も泳げないということになります。

no＝not any なので，この構文は **not ～ any more than** …の形で使われる場合もあります。

A whale is <u>not</u> a fish <u>any more than</u> a horse is.

勘違いしてはいけないのは，文脈によっては than 以下に比較の対象となる極端な常識が来ないで，本来の意味のままの場合もあるということです。たとえば，

You seem to think he is cleverer than you, but I don't think so. He is no more intelligent than you.

「君は彼が君よりもかしこいと思っているみたいだけど，僕はそうは思わない。彼が君よりも頭がいいということは全然ないよ。」

この例では，話者は you の頭のよさを言いたいのであって，「you は頭が悪い」という常識などありません。ここでは単に「彼が君よりも頭がいいということは全然ない」という，極端な常識の介入しない，英語そのものが本来持つ意味を伝えているだけです。

この構文では more が less に変わると意味がすべて反対になり，**no less ～ than** …「…と同様に～」という肯定の意味になります。例文で見てみましょう。

A whale is no less a mammal than a horse is.

「クジラは馬と同様，哺乳類である。」

ここでは A whale is a mammal と a horse is a mammal を比べて，前者の度合いが後者の度合いよりも低い(less)ことは全然ない(no)ということを述べています。

⑥ **no more than ～「～しか」（＝ as little as ～＝ only ～），**
no less than ～「～も」（＝ as much as ～）

この表現も⑤の「クジラの構文」と同じで，～に常識的に考えて極端なものが来ます。それによって，no more than では少なさが強調され，no less than

では多さが強調されます。次の例文を見てください。

He spends <u>no more than</u> 100 yen a day. 「彼は 1 日に100円しか使わない。」

no more than ～は「～より多いことは全然ない」という意味なので，例文の文字通りの意味は，「彼は 1 日に100円を超えることは全然ない額のお金を使う」ということになります。ここで常識の登場です。100円は 1 日に使うお金としては常識的には極めて少ない額だと考えられます。この意味を加味すると，「100円を超えることは全然ない額」は「100円しか」という意味になります。

この文は，100円という 1 日に使うお金としては常識的に極めて少ない額と比べることによって，彼が 1 日に使うお金の少なさを強調したものです。

また，no less than ～は逆に，～に常識的に多いものが来ると，多さの強調になります。

He spends <u>no less than</u> 50,000 yen a day. 「彼は 1 日に 5 万円も使う。」

⑦　**not more than ～「多くとも[せいぜい] ～」(=at most ～),**
not less than ～「少なくとも～」(= at least ～)

not は単なる否定「～ではない」なので，not more than ～は「～より多くない」から「多くとも (せいぜい)～」になります。また，not less than ～は「～より少なくない」から「少なくとも～」になります。

She knows <u>not more than</u> 10 people here.
「彼女はここでせいぜい10人の人しか知らない。」
He met <u>not less than</u> 20 people during this trip.
「彼はこの旅行の間に少なくとも20人の人間に出会った。」

Exercise 14

次の(1)〜(5)の意味を表す英文となるように空所に適語を入れなさい。

(1)　僕は君ほどお金持ちじゃない。
　　I'm not (　　　　) rich (　　　　) you.
(2)　父の部屋は僕の部屋よりもはるかに広い。
　　My father's room is (　　　) (　　　　) than (　　　　).
(3)　夢を実現するために努力することほど大切なことはない。
　　(　　　) is (　　　) important (　　　) making efforts to realize
　　your dream.

110

(4) 多くの本を読めば読むほど，ますます理解できないことが増える。

The (　　　　) (　　　　) you read, (　　　　) more things you will

find impossible to understand.

(5) 僕たちはラスベガスで200万円も使った。

We spent (　　　　) (　　　　) than two million yen in Las Vegas.

Exercise *15*

次の英文の下線部を和訳しなさい。

It is true that science requires analysis and that it has fractured into microdisciplines. But because of this, more than ever, it requires synthesis. Science is about connections. <u>Nature no more obeys the territorial divisions of scientific academic disciplines than do continents appear from space to be colored to reflect the national divisions of their human inhabitants.</u>　　　　　　　(2014年大阪大学　大問1A　改題)

[Cosmic Apprentice by Dorion Sagan. Copyright © 2013 by Dorion Sagan. Reproduced with permission of Dorion Sagan.]

Key Points

■ 比較表現には，原級・比較級・最上級の３つがある。

■ not as [so] 〜 as … は「…ほど〜ない」。

■ 指示副詞の the＋比較級の意味の成り立ちを理解しておこう。

■ the 比較級〜, the 比較級…は「〜すればするほど…だ」。

■ no＋比較級の意味の成り立ちを理解しておこう。

■ no more than 〜（= only 〜）「しか〜」, no less than 〜（=as much as 〜）「〜も」, not more than 〜（=at most 〜）「多くとも［せいぜい］〜」, not less than 〜（=at least 〜）「少なくとも〜」を理解した上で，まとめて言えるようにしておこう。

法とは，言語で表現される事柄に対する話者の心的態度を表すもので，英語における法の主なものは**直説法，命令法，仮定法**の３つです。

直説法は**話者が現実だと思っていることを述べる**のに使われる，みなさんが知っている一般的な英語の表現の仕方です。命令法は命令文において使われるものです。仮定法は，**話者が非現実だと思っていることを述べる**際に使われるものです。それぞれ述べられる事柄に対する話者の心的態度を表現しています。直説法なら現実として，命令法なら主観的な希望の実現として，仮定法なら非現実的なこととして事柄に対して向き合っているということです。すなわち，外界の事実として現実か非現実かではなく，あくまでも話者が現実だと思っていれば直説法が使われるし，非現実だと思っていれば仮定法が使われるということです。

仮定法は，その使われる形から主に**仮定法過去**と**仮定法過去完了**にわかれます。

🔲 仮定法過去

現在および未来の非現実を表す際に使います。

① **If S 過去形, S** [would / should / might / could] 動詞の原型.「もし〜ならば, […だろう[のに] / …かもしれない(のに) / …できるだろう[できるのに]]。」

▶ should は主語が１人称 (I, we) のときに，「…だろう[のに]」という would と同じような推量の意味になる。

If I had such a big house, I would have a big party every weekend.
「もし僕がそんなに大きな家を持っていたら，毎週末大きなパーティーを開くのに。」

② **wish S 過去形.「〜であればよいのにと思う。」**

I wish I were a bird.「私が鳥だったらいいのに。」

▶ 標準的な英語において，仮定法では was の代わりに were が使われる。これは仮定法の昔の形態(接続法という)の名残。

・**If only S 過去形.「〜でありさえすればよいのに。」**

I wish と使い方は同じですが，やや強い意味になります。

If only I had a younger sister.「私に妹がいさえすればなあ。」

・**would rather S 過去形 .「〜であってほしいと思う。」**

I'd rather you stayed with me.「僕といっしょにいてほしい。」

③ **〜 as if S 過去形.「まるで…であるかのように〜。」**

節内は直説法の場合もあります。

He treats me as if I <u>were</u>［am］a small child.

「彼はまるで小さな子どもであるかのように私を扱う。」

この文は,

He treats me as（he would treat me）if I were a small child.

「彼は, もし私が小さな子どもだったら私を扱うだろうように私を扱う。」

の（　　）内が省略されたものだと考えられます。

④ **It is（high, about）time S 過去形.「もうそろそろ〜してもよい頃だ。」**

It's time you <u>went</u> to bed.「もう寝る時間よ。」

⑤ **If S should 原形,** ⎡ **S would 原形** ⎤ **.「万一〜ならば,** ⎡ **…だろう** ⎤ **。」**
　　　　　　　　　　⎢ **S will 原形** ⎥ 　　　　　　　　　⎢ **…しなさい** ⎥
　　　　　　　　　　⎣ **命令法** ⎦ 　　　　　　　　　　⎣　　　　　　　⎦

未来を表す助動詞 shall が仮定法過去になると, **未来の実現の可能性の低い仮定**を表します。実現の可能性は直説法に比べると低いですが, ふつうの仮定法過去に比べると高くなります。

　　　　　直説法　　　　　　　　**should**　　　　　　　　**仮定法**
　　　　　　　　　　　実現の可能性が低くなる→

この should は, 性格としては仮定法と直説法の中間的なものだと言えます。したがって, 主節の動詞には仮定法, 直説法, 命令法のすべてが使えます。この should は「万一の should」と昔から言われているものですが, 訳語は「万一」でも「もし」でも, その場の意味に合ったものを使いましょう。

If you <u>should</u> win the game, I <u>will</u> treat you to dinner.

「もし君がその試合に勝ったら, 夕飯をごちそうするよ。」

⑥ **If S were to 〜「仮に〜ならば」**

be to 〜を仮定法過去にすると were to 〜になり, if 節の中に入れると, **未来の非現実的なあるいは実現の可能性の低い仮定**を表す表現になります。

If I <u>were to tell</u> the police all I know, you <u>would</u> be arrested.

「仮に私が知っていることを全部警察に話したら, あなたは逮捕されるだろう。」

▶ 訳語は「仮に」でも「もし」でも, その場の意味に合ったものを使えばよい。

これは，意味的には①の仮定法過去が未来を表す場合とほとんど同じです。仮定法は原理的には話者が非現実だと思っていることを表すのですが，未来の場合，完全な非現実など本来ありえないので，実現の可能性がある程度高いことも表されることがあります。

⑦ **if it were not for 〜 「もし〜がなければ」**

　この表現の成り立ちは，It is 〜 that …のいわゆる強調構文（p.145参照）に由来します。たとえば，次の例文を見てください。

　It is for your experience that you can make your company bigger.
　「君が君の会社を大きくできるのは，君の経験のおかげである。」

　この文は，君の経験があるからこそ君の会社を大きくすることができるという現実を述べている文です。これを非現実の仮定を表す文に書きかえると，is は were になり，not をつけて，主節（It is 〜）の部分は，

　If it were not for your experience「もし君の経験がなければ」
となりますね。

　従属節（that 〜）の部分も仮定法に変えると，can は could になり，not をつけて，

　you could not make your company bigger
　「君は君の会社をこれ以上大きくすることはできないだろう」
となります。

　この2つをつなぐと，次のようになります。

　<u>If it were not for</u> your experience, you could not make your company bigger.
　「もし君の経験がなければ，君は君の会社をこれ以上大きくすることはできないだろう。」
また，従属節は次のような表現でも代用できます。

　<u>Without</u> your experience, 〜
＝<u>But for</u> your experience, 〜

　▶ but には「〜以外に」という意味がある。また，ここでの for は「〜のため」（原因・理由）。したがって，but for 〜のもともとの意味は「〜のおかげ以外では」。

仮定法過去完了

過去の非現実を表す際に使います。

① **If S had 過去分詞,**「もし～だったならば,

S' [would / should / might / could] have 過去分詞. […だっただろう[だったのに] / …だったかもしれない(のに) / …できただろう[できたのに]]。」

▶ should は主語が 1 人称 (I, we) のときに,「…だっただろう[だったのに]」という would と同じような推量の意味になる。

If you had been there yesterday, you could have seen him.
「昨日そこにいたら,君は彼に会えたのに。」

② **wish S had 過去分詞.**「～であればよかったのにと思う。」

I wish he had not arrived late.「彼が遅刻していなければなあ。」

・**If only S had 過去分詞.**「～でありさえすればよかったのに。」

I wish と使い方は同じですが,やや強い意味になります。

If only I had done my homework last night.
「昨日の晩に宿題をやってさえいればなあ。」

③ **～ as if S had 過去分詞.**「まるで…だったかのように～。」

節内は直説法の場合もあります。

Momoko talks as if she had seen [has seen, saw] me many times.
「モモコは私に何回も会ったことがあるかのように話す。」

この文も仮定法過去の③と同じように,

Momoko talks as (she would talk) if she had seen me many times.
「モモコは,もし私に何回も会っていたら話すだろうように話す。」

の(　　)内が省略されたものだと考えられます。

④ **if it had not been for ～**「～がなかったならば」

この表現の成り立ちも,いわゆる強調構文に由来し,仮定法過去の⑦の場合と同じです。

If it had not been for your family, the party wouldn't have been so enjoyable.

= Without your family, ～

= But for your family, ～

「もしあなたの家族がいなかったら,パーティーはそんなに楽しいもので

はなかっただろう。」

□ if 節の代用

Should anything strange happen, call me as soon as possible.

「何か奇妙なことが起こったら，できるだけ早く僕に電話してくれ。」

▶ 動詞が be 動詞や助動詞（had を含む）の場合，if を省略して SV を倒置することで条件を表すことができる。これは古い形の英語の名残。

To hear her sing, you would take her for a professional singer.

「彼女が歌うのを聞くと，あなたは彼女のことをプロの歌手だと思うだろう。」

Having more time, I would visit Christina.

「もっと時間があったら，クリスティーナのところを訪れるのに。」

With a little more patience, you wouldn't have missed the chance.

「もう少し我慢していたら，君がその機会を逃すことはなかっただろう。」

Mike is very busy today; otherwise he would come with us.

「マイクは今日とても忙しい。もしそうじゃなかったら，彼は私たちといっしょに来るだろう。」

▶ -wise の本来の意味は way「方法，あり方，点」。したがって otherwise は「他のように，その他の点で，さもないと」という意味になる。

Fifty years ago, you could have seen the sea from this point.

「50年前だったら，この地点から海が見えたのに。」

They got angry and went home. She wouldn't have done so.

「彼らは怒って家に帰ってしまった。彼女だったらそんなことはしなかっただろう。」

Exercise 16

次の各文を英語に訳しなさい。

----

(1) もし昨日あのバスに乗っていたら，彼は生きてはいないだろう。

(2) 彼はまるで幽霊を見たかのような顔をしている。

Exercise 17

次の英文を日本語に訳しなさい。

He could have done what his mother wanted him to do had he been there.

Key Points

■ 仮定法過去は現在および未来の非現実。

■ 仮定法過去完了は過去の非現実。

Chapter 14 前置詞

前置詞は名詞の前に置かれ，名詞と一体となって形容詞句・副詞句を作ります。日本語の助詞に相当するものと言えばわかりやすいでしょうか。「が」「は」「と」「に」などの日本語の助詞も名詞と一体となって形容詞句・副詞句を作りますが，日本語の助詞は名詞の後に置かれるため，「後置詞」と呼ぶべきものです。それに対して英語の前置詞は，その名の通り名詞の前に置かれます。

前置詞＋名詞＝形容詞句・副詞句

The roof <u>of that house</u> will be painted red <u>by my father</u>.
　　　　　形容詞句　　　　　　　　　　　　　　副詞句

「あの家の屋根は私の父によって赤色に塗られるだろう。」

この前置詞の習得が実は英語の運用能力の向上において，極めて重要な役割を果たすのです。前置詞の意味をしっかり理解して，それが使いこなせるようになれば，英語の力は飛躍的にアップします。

たとえば僕の経験でいえば，僕は受験勉強をしていたときに古文が得意だったのですが，助動詞の活用・接続・意味をマスターし，古文単語もたくさん覚えて，かつ古語辞典を引く習慣も身についていたのに，いまひとつ伸び悩んでいる時期がありました。そのときに何を思ったか突然，助詞の意味・用法を徹底的に洗い直すことを始めたら，古文の読解力が一段上へレベルアップしたのです。そのときの経験は今でもよく覚えています。古文の文章の描く世界が立体的に見え始め，それまで自分は古文を得意だと思っていたけれど，実は読み取れていない部分も多かったのだということに改めて気づきました。

前置詞にもそれと同じ力があります。前置詞を徹底的に勉強することで，平面的だった言語世界が立体化するのです。

◘ 前置詞の基本的な意味は空間的

一般に言葉の意味は，「空間的」→「時間的」→「比喩的・精神的」の順に発達してきたと考えられます。これは，「狩猟採集」→「農耕」→「国家形成」という文明の進化の流れと軌を一にしているのではないかと僕は考えています。

言葉が生まれたのは，狩猟採集生活において集団の協力が必要だったからと考

えられます。たとえばマンモスの狩りでは多くの人間が連携をとり，複数の地点に分かれて獲物を待ち伏せしながら，長時間かけて沼地に追い込み窒息させてしとめたと推測されているのですが，このような共同作業の中から，「あっち」「こっち」「遠く」「近く」「そばに」などの空間的な意味を持つ言葉が発達したのではないでしょうか。

　やがて文明が農耕段階に入ると，言葉の意味に時間的なものが加わりました。というのは，農業は時間的な営みだからです。狩猟採集民にはその日暮らしの要素が強かったのですが，農耕生活では翌年のために種を残しておくとか，一時期に大量にとれる収穫物を貯蔵しておくなどの，未来へ向けての思考が発達します。この時期に「来年まで」「すぐに」「長い間」などの時間にかかわる意味を持つ言葉が発達したと考えられます。

　そして農耕を始めた人類はひとつの土地に定住することによって「むら」を作り，それが発達して「国家」を形成するに至ります。それとともに身分制が発達し，働かなくとも食べていける身分，すなわち貴族階級が誕生します。貴族は大量に生まれた余暇をさまざまな活動に利用します。このようにして科学や哲学などの精神的な活動が活発になり，それに必要な意味を持つ言葉が発達したのです。「愛」や「希望」などの抽象概念が発達したのもこの時期だと考えられます。

　それに応じて空間的な言葉の意味も変容していきました。たとえば「大きな」という言葉は，日本語ではもともと「多い」という量を表す言葉に由来するらしいのですが，いずれにせよ空間的な意味が基本です。それが「愛」という目に見えない，触ることもできない抽象概念と結びついて，「大きな愛」などと言うようになりました。ここには明らかに，空間的意味から比喩的・精神的意味への転用が見られます。

　ここで論じたことはあくまでも僕の仮説であって，実証的な根拠があるわけではありませんし，そもそも実証的に研究できる類のことでもありません。しかし言語の発達が社会の発展と密接に結びついていることにかんがみれば，これが真実である可能性はかなり高いと言えるのではないでしょうか。

　具体的な前置詞を通して見てみましょう。on の基本的な意味は「接触」です。

He is on the rock.「彼は岩の上にいる。」　　　　　　**空間的意味**
↓
He came here on time.「彼は時間通りにやってきた。」　**時間的意味**
↓
Children depend on their parents.「子どもは親に頼る。」　**比喩的・精神的意味**

119

🔲 前置詞は基本的な意味の理解から

　前置詞に限らず，すべての単語は基本的な意味をしっかり理解していれば覚えやすくなるのは事実です。しかし前置詞の勉強においてはそれがとくに重要になってきます。なぜなら１つの前置詞が持つ意味・用法の数はあまりにも多いので，それらをバラバラに覚えていくのはたいへんだからです（手元にある英和辞典で前置詞 in を引いてみると，18個の意味がのっていました）。記号の研究をする学問に記号論というものがありますが，そこでは「シニフィアン（意味するもの）とシニフィエ（意味されるもの）は反比例する」と言われています。言葉の場合に限定して簡単に言えば，表記（つづりなど）が長ければ長いほど，意味の範囲は狭まるということです。たとえば，ただ「会社」と言うと世界中の会社を指しますが，「株式会社」と言うと「合名会社」などは含まれなくなり，範囲はせばまります。これにさらに「京都市にある」という限定力の強い言葉をつけて，「京都市にある株式会社」と言うと，ものすごく範囲がせまくなるのがわかるでしょう。

　英単語で言えば，たとえば international という単語は「国際的な」という意味しか持ちませんし，それだけ覚えておけば，まあたいていの場合は乗り切ることができるのですが, in や to，for などの表記の短い前置詞の場合はそうはいきません。

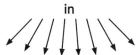

　基本的な意味から派生した多くの意味をバラバラに暗記するのは労力のムダです。基本的な意味をしっかりおさえ，細かい意味の派生の仕方を論理的に理解していけば，多くの意味も覚えやすくなるはずです。もっともすべての細かい意味が基本的意味からすんなり理解できるわけではありません。外国語の影響などさまざまな外的要因によって意味が理不尽に歪められた場合もありますし，紆余曲折を経て，なぜその意味が生まれたのかすぐには理解できないものもあるからです。なぜその意味が生じたのかについてのこじつけのような説明は世の中にあふれていますが，いくらそれが覚えやすいとしても，真実とは言えないものは採用すべきではありません。**言語は大部分が論理ですが，残りの一部は理不尽な慣用です。**すべてがわかりやすく論理的に説明できるわけではないのです。説明のつきにくい部分は謙虚に丸暗記に甘んじましょう。逆に論理的に説明のつくことは

・**状態**：in に比べて短期間の状態を表します。

> They are at work now.「彼らは今仕事中です。」
> I feel at ease with her.「彼女といるとくつろいだ気持ちになる。」

③ **on**

基本的意味は**接触**です。

・**「〜にくっついて」**：基本的意味のままです。上からの接触とは限らず，次の2文目〜4文目のように，横からや下からの場合もあります。

> The dog is on the chain.「犬が鎖につながれている。」
> There is a calendar on the wall.「壁にカレンダーがかかっている。」
> There is a fly on the ceiling.「天井にハエがとまっている。」
> Can you see the big hotel on the river?
> 「川沿いの大きなホテルが見えますか。」

・**曜日**

> I don't work on Monday.「私は月曜日は働かない。」

・**特定の朝・夕**

> My father came home on the morning of my birthday.
> 「父は僕の誕生日の朝に帰宅した。」
> ▶ 特定でなければ，in the morning や in the evening となる。

・**同時**：時間における接触です。

> On arriving at the theater, he rushed into the rest room.
> 「劇場に着くとすぐ，彼はトイレに駆け込んだ。」
> ▶ on 〜ing「〜するとすぐに」。

・**depend on 〜**：**「〜に頼る」**も接触です。

> Japan depends on foreign countries for natural resources.
> 「日本は天然資源を外国に頼っている。」

・**have a 〜 [effect / influence / impact] on …**：**「…に〜な影響を及ぼす」**

> Weather has a great effect on the crops.
> 「天候は収穫高に大きな影響を及ぼす。」

・**学術関係の専門分野**：次項の「周辺」を基本的意味とする about「〜について」に比べて「接触」を意味する on の方が，より狭く正確なニュアンスがあ

るからだと考えられます。

He wrote a book on sea animals.「彼は海の動物についての本を書いた。」

・**不利益**：相手に対する不利益を表すことがあります。訳しにくいことが多く，訳の際には状況を説明的に表現するか，文脈に任せるしかない場合が多々あります。

She hung up on me.「彼女は一方的に電話を切った。」

④ **about**

基本的意味は**周辺**です。

・**「〜について」**：事柄の「周辺」です。

Do you know anything about me?「私について何か知っているの。」

・**「およそ」**：ある数値などの「周辺」という意味です。

I left home about six this morning.「私は今朝6時ごろ家を出た。」

⑤ **with**

基本的意味は**付随**です。

・**同伴**：「〜と」という中学校で最初に習う意味です。

Do you want me to be with you?「私にいっしょにいてほしいの。」

・**所有・付属**：「〜を持っている」「〜がついている」という意味です。

Laura lives in a house with a blue chimney.

「ローラは青い煙突のある家に住んでいる。」

He solved the problem with ease.「彼は簡単にその問題を解いた。」

▶「簡単さを持って」から「簡単に」（= easily）となる。一般に［with +抽象名詞］は1語の副詞で表せることがよくある。例：with rapidity = rapidly「すばやく」

・**関連**：「〜に関して」という意味です。

Something is wrong with my car.「車の調子が悪い。」

Be careful with the glass.「ガラスに気をつけろ。」

・**道具**

Could you please write with a pencil?「鉛筆で書いていただけませんか。」

・**原因**

She shook with cold.「彼女は寒さでガタガタふるえた。」

・付帯状況の with

「文法を身につけるには，文法用語の意味をしっかり理解することが重要」と前に述べました（p.74参照）が，ここでもまさにそれがあてはまります。

「状況」とは主語・述語，すなわち「〜が…する」「〜が…である」のことです。たとえば，「ゴリラ」は状況ではありませんが，「ゴリラがバナナを食べている」は状況です。また「付帯」とはくっつくことです。

ここから付帯状況の with とは，「状況をくっつけるための with」だということがわかります。

with の後に名詞（名詞句）が来ますが，この点は一般的な前置詞と同じです。付帯状況の with の場合，この後に状態を表す言葉が続くのです。これは形容詞およびそれに相当する分詞や前置詞句です。この名詞と状態は主語・述語関係にあります。

S   V   with   名詞   状態

=形容詞・分詞・前置詞句

主語   述語

例文をあげてみましょう。

Martha was standing there with her arms folded.

S   V   名詞   状態

主語   述語（①）   主語   述語（②）

「マーサは腕を組んでそこに立っていた。」

fold 〜「〜を折りたたむ」です。with は文の主語・述語（①）にもう１つの主語・述語（②）をくっつける役割を果たしています。その結果，この例文は「マーサは腕を折りたたまれた状態でそこに立っていた」という意味構造を持つことになります。

⑥ **to**

基本的意味は**到達点**です。 →

Let's go to Matsue. 「松江に行こう。」

To my surprise, she has been elected captain.

「僕が驚いたことには，彼女はキャプテンに選ばれた。」

▶ To my surprise は，論理的には本来文末にあるべきものが文頭に出たもの。「彼女がキャプテンに選ばれたことが僕の驚きに到達した」ということ。

・**方向**：到達しない，単なる方向を表します。

　　They sat face to face. 「彼らは面と向かい合って座った。」

　ここで一息入れて練習問題です。これまでの学習を踏まえて，答えてみてください。

　次の(1)〜(3)の空所にふさわしい前置詞を入れなさい。

(1)　Canada is (　　) the north of the United States.

(2)　Chicago is (　　) the north of the United States.

(3)　Canada is (　　) the north of Brazil.

答　(1)　on

　　　　カナダはアメリカと国境を接しているので，**接触**を表す on を入れます。
　　　　「カナダはアメリカの北にあります。」

　　　(2)　in

　　　　シカゴはアメリカの中の都市なので，**中**を表す in を入れます。
　　　　「シカゴはアメリカの北部にあります。」

　　　(3)　to

　　　　カナダはブラジルと接していないので，離れた**方向**を表す to を入れます。
　　　　「カナダはブラジルの北方にあります。」

・**「〜にとって」**：性質が〜に到達しているということです。

　　That's very important to me. 「それは私にとってたいへん重要である。」

・**一致**：到達ということから一致を表します。

　　That curtain is not to her taste. 「そのカーテンは彼女の趣味に合わない。」

　　You can sing to the piano. 「ピアノに合わせて歌えるよ。」

⑦　**for**

　　基本的意味は**前**，forward「前へ」の for です。　➡　

・**目的**：人は目的の方を向くということです。

　　I work for my family. 「私は家族のために働く。」

　　He wrote to his teacher for advice. 「彼は助言を求めて先生に手紙を書いた。」

　　▶　欲しいものも目的の一種。ask for 〜「〜を求める」，look for 〜「〜を探す」など，
　　　　欲しいもの，求める対象には for を使う。

· **目的地**

They left for Barbados.「彼らはバルバドスに向けて出発した。」

· **賛成**：賛成するものの方を向いているということです。

Are you for or against the plan?

「君はその計画に賛成なのか，それとも反対なのか。」

· **原因・理由**：目的から理由の意味になります。日本語の「～ため」が，目的だけでなく原因・理由も表すのは偶然ではありません。

I couldn't see anything for the dense fog.「濃い霧のため何も見えなかった。」

· **交換・代理**：目的から交換・代理の意味になります。

I wanted to exchange my books for rice.「私は本を米と交換したかった。」

He was given up for dead.「彼は亡くなったものとあきらめられた。」

Can you make a speech for him? He can't come today.

「彼の代わりにスピーチできますか。彼は今日，来られなくなったのです。」

· **比較**：交換から比較の意味になります。

He looks young for his age.「彼は年の割には若く見えるわ。」

· **割合**：比較から割合の意味になります。

There was one Japanese for every five Americans at the party.

「パーティーには 5 人のアメリカ人に対して 1 人の割合で日本人がいた。」

· **「～にとって」**：「～の方を向いている」から「～にとって」の意味になります。

Nothing matters for me.「私にとっては何も重要ではない。」

· **to 不定詞の意味上の主語**：「～にとって」から，歴史的に紆余曲折があって，to 不定詞の意味上の主語を表すようになりました。

It's impossible for you to beat him.「君が彼をやっつけるのは不可能だ。」

★ FURTHER EXPLANATION

to 不定詞の意味上の主語をなぜ for ～で表すようになったのかは有名な話なので説明しておきましょう。

上の例文における for you は本来直前の形容詞 impossible につくものでした。「あなたにとって不可能だ」ということで，本来この文は you の後で大きく区切られていたのです。

It is impossible for you / to beat him.

しかしある時点で for you が後に続く to 不定詞に付属するものだと間違って解釈され，「あなたが～する」と理解されるようになりました。

It is impossible / for you to beat him.
次第にそれが当たり前のようになっていき,
For you to beat him is impossible.
という For you to beat him をそのまま文の主語とする語順まで生まれて, for 〜を to 不定詞の意味上の主語とする習慣が確立したのです。言語変化の多くが間違いから生じたものだということは前に書きましたね (p.69参照)。これもまさにその典型例です。ちなみに you の後で切れるはずの文を impossible の後で切れると勘違いするのは明らかに文の構造のとり間違いです。このように文の構造などをとり間違うことが一般化して言語変化が生じることを言語学では**再分析**といいます。

・**期間**：この用法も歴史上，紆余曲折があって生まれたものです。

He has lived in New York for the last ten years.

「彼はこの10年間ニューヨークに住んでいる。」

⑧ **by**

基本的意味は**近接**です。そばにあるということを意味します。　●

There are three dogs by the police box. 「交番のそばに犬が３匹いる。」

I will read those books one by one.

「僕はそれらの本を１冊ずつ読むつもりだ。」

▶ one by one 「１つずつ」。１つのそばから次の１つというイメージ。

・**差**：何かと自分との間にあるものは自分のそばにあるから「間にあるもの」を意味するようになり，そこから**差**を表すようになりました。

He is older than me by ten years. 「彼は僕よりも10歳年上だ。」

・**手段**：手段は目的と自分との間に存在するものです。

Let's go by car.「車で行こう。」

You can learn English by speaking it.

「君は英語を話すことによって身につけることができる。」

・**受身の行為者**：行為者は主語と行為とを仲介する，つまりその２つの間に存在するものです。

A Treatise of Human Nature was written by David Hume.

「『人性論』はデイヴィッド・ヒュームによって書かれた。」

・「～までに」：時の近接です。

I have to turn in this paper by the end of this month.

「僕は今月の終わりまでにこのレポートを提出しなければならない。」

・**単位**：売買の際に売り手と買い手の間に入るものです。**by the 単位（単数形）**の形で使われます。

They sell eggs by the dozen.「卵は1ダース単位で売られている。」

⑨ **of**

基本的意味は**分離**です。　

on の反対語です。on の反対語は off が有名ですが，off は of からできたもので，もともとは同じ単語です。off の基本的意味も当然「分離」です。of と off の関係は，日本語で言えば，「さむい」と「さぶい」のようなものです。ものすごく寒いときには唇が震えるのか，「さぶい」と言う人がいますよね。ちなみに関西では，鳥肌のことを「さぶいぼ」と言うことがあります。

・**分離**：文字通り離れていることです。

He lives within two minutes of the station.

「彼は駅から2分以内のところに住んでいる。」

　▶ within ～ of … 「…から～以内のところに」。～には時間や距離を表す言葉が入る。

Robert is independent of his parents.「ロバートは両親から独立している。」

　▶ be independent of ～「～から独立している」。depend on ～「～に頼る」と逆の発想。

・**所有**：分離から所有の意味が生じました。たとえば the roof of the house「家の屋根」のもともとの意味は「家から分離した屋根」です。

the roof of the house

The leader of our team is reliable.「うちのチームのリーダーは信頼できる。」

・**同格**：of の後に来るものが of の前に来るものの「具体的説明」になっています。

My father is from the town of Kent.「私の父はケントという町の出身です。」

129

He can't deny the fact of my having seen him.

「彼は私が彼に会ったという事実を否定できない。」

・**[of ＋抽象名詞]＝形容詞**：抽象名詞から性質を引き出しているというイメージです。

    of value ＝ valuable「価値がある」

    of interest ＝ interesting「興味を引く，面白い」

    of use ＝ useful「役に立つ」

    of no use ＝ useless「役に立たない」

    This is of no importance.「これは全然重要ではない。」

・**材料**：木材などの，製品を作る際に見たり触ったりしたらそれだとわかる質的な変化を伴わない材料を表します。

    The box is made of plastic.「その箱はプラスチックでできている。」

・**「〜について」**：「分離」は「〜から離れている」ということなので，「周辺」を基本的意味とする about と同様，「〜について」という意味が生まれます。

    What do you think of it?「それについてどう思いますか。」

    He is hard of hearing.「彼は耳が遠い。」

    ▶ 「聞くことについて難しい」ということ。

・**原因**：分離という意味から通例，近因的な原因を表します。

    His grandfather died of cancer.「彼の祖父はガンで亡くなった。」

⑩　**from**

    基本的意味は**起点**です。　

・**動作の起点**

    Tadanori walked from Tokyo to Osaka.

    「タダノリは東京から大阪まで歩いた。」

・**時間の起点**

    I'll be careful from now on.「これから気をつけます。」

・**視線の起点**

    Look at this problem from a different viewpoint.

    「この問題を別の観点から眺めてみなさい。」

・**区別**

　You are old enough to tell right from wrong.

　「おまえはもう善悪の区別がつく年齢だ。」

・**出身**：人生の起点です。

　We are all from Iran.「私たちはみんなイラン出身です。」

・**原料**：石油などの，製品を作る際に見たり触ったりしてもそれだとわからない
ほどの質的な変化を伴う原料を表します。

　Wine is made from grapes.「ワインはブドウから作られる。」

前ページの材料を表す of と原料を表す from の関係は，次のようになります。

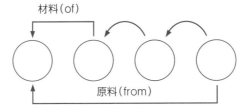

材料（of）

原料（from）

・**根拠**：判断の起点です。

　I know from experience that a man lies in this situation.

　「こんな状況のときは男は嘘をつくものだって，私は経験からわかっているわ。」

・**原因**：起点という意味から通例，遠因的な原因を表します。

　She died from overwork.「彼女は過労で亡くなった。」

　die of ～（病気などの近因的死因）と die from ～（事故や過労，ケガなどの遠
因的死因）の関係は，次のようになります。

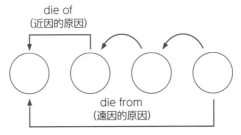

die of
（近因的原因）

die from
（遠因的原因）

　今日の英語では，of と from はそれほど厳密に使い分けされていません。材料
に from が使われたり，事故で亡くなる場合に of が使われたりする例もたくさん
見られます。このように of と from の使い方は言語変化の過程の途上にあり，将
来的にはひょっとするとどちらでもよくなるのかもしれません。しかし現時点で

は，とくに大学入試においては，意識的にこれらを使い分けられるようにしてお
く方が無難です。

⑪ **after**

もとは Old English（8〜11世紀）で，off の比較級に相当する語です。

・「〜の後」

Nobody came after him.「彼の後には誰も来なかった。」

I received a letter after a month.「私は1カ月たって手紙を受け取った。」

・**目的・追求**

The police are after him.「警察は彼を追っている。」

・**模倣**

He named his daughter Mimiko after his mother.

「彼は自分の母親にちなんで娘をミミコと名付けた。」

⑫ **over**

基本的意味は**上**です。

・**真上**

A fly is flying over his head.「ハエが彼の頭上を飛んでいる。」

・「〜を越えて」

Can you jump over the stream?「君はその小川を飛び越えられるのか。」

・「〜を覆って」

She put her hands over her face.「彼女は両手で顔を覆った。」

He has been all over Asia.「彼はアジアの至るところに行ったことがある。」

・**超過**

Is she over forty?「彼女は40歳を超えているのですか。」

・**従事**：「〜の上で行為がなされる」というイメージから **「〜しながら」** を表し
ます。

Let's talk about it over dinner.

「食事をしながらそのことについて話し合おう。」

⑬ **under**

基本的意味は**下**です。

· **真下**

I met him under the bridge.「私は橋の下で彼と出会った。」

· **行為の過程**

The road is under construction.「道路は工事中である。」

⑭ **above**

基本的意味は**上**です。over が真上に覆いかぶさる感じなのに対して、above は真上を含めて広く上方全体を表します。**「～よりも高いところに」**という意味です。

· **上方**

The moon is shining above our house.

「月が私たちの家の上方で輝いている。」

· **「～するのを潔しとしない」**：道徳的に上であることを表します。

He is above telling a lie.「彼は嘘をつくような人ではない。」

⑮ **below**

基本的意味は**「低いところにある」**です。under が何かに覆いかぶさられてその真下にある感じなのに対して、below は真下を含めて広く下方全体を表します。**「～よりも低いところに」**という意味です。

· **下方**

Let's go to the beach below the cliff.「崖の下のビーチへ行こうよ。」

over, under, above, below の関係を図示すると、以下のようになります。

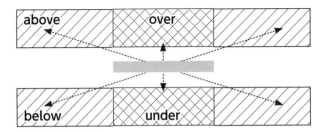

⑯ **into**

基本的意味は**中へ**です。反対語にあたるものは **out of**「～から外へ」です。

・**中へ**

He went into the room.「彼は部屋に入った。」

・**変化**:「中へ」という意味から変化を表すようになりました。

Flour is made into bread.「小麦粉はパンにされる。」

⑰　**through**

基本的意味は**貫通**です。

・**貫通**

We walked through the town.「私たちはその町を歩いて通り抜けた。」

・**時間の貫通**

I stayed awake through the night.「僕は徹夜した。」

・**手段**

She finished her paper through her husband's help.

「彼女は夫に助けてもらって，レポートを仕上げた。」

◉ その他の重要な前置詞

□ till, until「～まで」	□ within「～以内に」
□ against「～に反対して」	□ except, but「～を除いて」
□ beside「～の横に」	□ besides「～の他に」
□ during「～の間に」	□ despite「～にもかかわらず」
□ beyond「～をこえて」	□ behind「～の後ろに」
□ like「～に似た，～のように」	□ unlike「～に似ていない，～と違って」

◉ 句前置詞

［前置詞＋名詞］でできた形容詞句や副詞句のことを**前置詞句**と言うのに対して，2語以上のかたまりで前置詞の役割をするものを**句前置詞**と言います。

□ in front of「～の前に」	
□ because of, owing to, due to, on account of「～のために」（理由・原因）	
□ by means of「～によって」	□ for the sake of「～のために」（目的）
□ instead of「～のかわりに」	□ in spite of「～にもかかわらず」
□ according to「～によると」	□ in terms of「～の点から」
□ with respect to「～に関して」	□ as to「～について」
□ as for ～「～に関していえば」	□ in addition to「～に加えて」

□ in case of 「〜が起こったら，〜に備えて」
□ In the case of 「〜の場合は」　　　□ for the purpose of 「〜を目的として」
□ thanks to 「〜のおかげで」　　　　□ at the sight of 「〜を見て」
□ regardless of 「〜に関係なく」　　　□ by way of 「〜を経由して，〜として」
□ apart from 「〜は別として」　　　　□ in favor of 「〜に有利になるように」
□ in honor of 「〜に敬意を表して」　　□ except for 「〜を別にすれば」

Exercise 18

空欄に最も適した前置詞を補いなさい。

(1)　あの赤い髪の女の子は彼の妹です。

That girl （　　　　） red hair is his sister.

(2)　君は明日までにレポートを提出しなければならない。

You have to turn in your paper （　　　　） tomorrow.

(3)　ここで船は沈んだのです。

The ship sank （　　　　） this point.

(4)　彼はナイフで刺された。

He was stabbed （　　　　） a knife.

(5)　彼は僕よりも3センチ背が高い。

He is taller than me （　　　　） three centimeters.

(6)　残念なことに，僕の歌を聴きに来る人はほとんどいなかった。

（　　　　） my regret, very few people came to listen to my songs.

(7)　彼は私をどなりつけた。

He shouted （　　　　） me.

(8)　12月にしては暖かい。

It's warm （　　　　） December.

(9)　彼女のお父さんは感動して涙を流した。

Her father was moved （　　　　） tears.

(10)　10年たったら僕は帰ってくるよ。

I will come back （　　　　） 10 years.

(11)　この本は君の研究にとって大いに価値がある。

This book is （　　　　） great value for your studies.

(12) 目を閉じて音楽を聴いてほしい。

I want you to listen to the music （　　　　　）your eyes closed.

(13) 彼女は熱があって寝ている。

She is in bed （　　　　　）a fever.

(14) その辞書はアルファベット順になっている。

The dictionary is （　　　　　）alphabetical order.

(15) 君の誕生日に会おう。

Let's meet （　　　　　）your birthday.

(16) あの赤いシャツを着た先生は傲慢だ。

That teacher （　　　　　）a red shirt is arrogant.

(17) 彼のピアノに合わせて踊ろう。

Let's dance （　　　　　）his piano.

(18) 君のかわりに僕が行きたい。

I want to go （　　　　　）you.

(19) 私たちの車はトンネルを通り抜けた。

Our car came （　　　　　）the tunnel.

(20) プラスチックは石油でできている。

Plastic is made （　　　　　）oil.

Key Points

■ 前置詞は基本的意味を理解することが重要。

■ 前置詞の基本的意味は空間的。

Chapter 15 助動詞

　疑問文や否定文を作るときの do, does, did や，進行形（be 動詞 ＋ 〜ing）の be 動詞，完了形（have ＋ pp）の have なども助動詞ですが，ここではそれら以外のいわゆる**法の助動詞**を扱います。仮定法のところですでに説明したように（p.112参照），法は話者の心的態度を表すものです。法の助動詞は文に発言者の心的態度に基づく意味を付加する役割を果たします。文中では，**法の助動詞 ＋ 動詞の原形**という形で使われます。法の助動詞においては，その意味の微妙なニュアンスが重要です。それぞれの助動詞の持つ意味をしっかり理解し，訳語も合わせて覚えていきましょう。

will

① **主語の意志「〜するつもりである」**

② **単純未来「〜だろう」**

③ **現在の推量「〜だろう」**

　　You'll be exhausted after your hard work.

　　「きつい仕事の後でクタクタでしょう。」

④ **習性「〜するものだ」**

　　Oil will float on water.「油は水に浮くものだ。」

⑤ **依頼**

　　Will you 〜？で「〜してくれませんか」という相手への依頼を表現できます。やや命令に近いニュアンスがあります。

　　Will you come here tomorrow？「明日ここへ来てくれませんか。」

can

① **能力「〜できる」**

② **可能性「〜する可能性がある」，（not とともに）「〜であるはずがない」**

　　It can be true.「それはありうる。」

　　He called me from Spain this morning. He cannot be in Osaka now.

　　「彼は今朝スペインから電話をかけてきたんだ。いま大阪にいるはずがない。」

137

・cannot [could not] have pp「～したはずがない」で過去の推量を表します。

　　can のかわりに仮定法の could が使われることがあります。一般に助動詞を仮定法にすることで，仮定法の持つ現実性を弱める力によって断定性が弱まり，ひかえめで丁寧な表現になります。

　　He cannot [could not] have told you that.
　　「彼が君にそのことを話したはずがない。」

③　強い疑い「一体～なのか」

　　Can it be true?「一体それは本当なのか。」

④　許可

　　Can I ～?で「～してもいい？」という許可を求める表現になります。家族や友人に使うくだけた表現です。

　　Can I eat this?「これ，食べてもいい？」

　　初対面の人に対してや仕事においてなど，丁寧さが求められる場面では could が使われます。

　　Could I use the bathroom?「お手洗いをお借りしてもいいですか。」

⑤　依頼

　　Can you ～?で「～してくれませんか？」という相手への依頼を表現できます。これもやはり家族や友人に対して使うくだけた表現です。

　　Can you let me use your car, Dad?「お父さん，車を使わせてくれない？」

　　丁寧さが求められる場面では，やはり could が使われます。

　　Could you open the window?「窓を開けていただけますか。」

⑥　慣用表現

・cannot help ～ing
・cannot but 動詞の原形　　　　　「～せずにはいられない」
・cannot help but 動詞の原形

　　ここでの help は「～を避ける」という意味です。but は前置詞で「～以外」という意味です。cannot help but 動詞の原形は上の2つが混ざってできた，間違いが一般化したものだと思われます。

　　I cannot help thinking so.「私はそう思わずにはいられない。」

・cannot 〜 too … 「いくら〜しても〜しすぎることはない」

You <u>cannot</u> be too careful in crossing this bridge.

「この橋を渡るときはいくら注意しても注意しすぎることはない。」

▣ must

① 義務 「〜しなければならない」

② 推量 「〜にちがいない」

You must be tired now. 「君はいま疲れているにちがいない。」

・must have pp 「〜したにちがいない」で過去の推量を表します。

He must have been here yesterday. 「彼は昨日ここにいたにちがいない。」

▣ may

① 許可 「〜してもよい」

高圧的な表現なので，現代では May I 〜？「〜してもいいですか」以外ではあまり使われません。

May I come in ? 「入ってもいいですか。」

この文に対する返答は，入ってもよい場合は Sure. 「いいですよ。」，あるいは Yes, you can.「はい，いいですよ。」などです。また入ってほしくない場合は I'm afraid not. や I'd rather you didn't.（p.113参照）などを使います。Yes, you may. や No, you may not. はあまりにも高圧的な表現なのでふつうは使われません。

② 推量 「〜かもしれない」

may は高圧的な印象のある表現なので，現在では仮定法を使って断定性をやわらげた might が代用されることが多いです。

He may ［might］ come here today. 「彼は今日ここに来るかもしれない。」

・may ［might］ have pp 「〜したかもしれない」で過去の推量を表します。

His teacher may ［might］ have misunderstood what he said.

「彼の先生は彼の言ったことを誤解したかもしれない。」

③ 慣用表現

・may well 〜

(1)「たぶん〜だろう」

(2)「〜するのももっともだ」

どちらも推量の may 〜「〜かもしれない」に道理に合っていて可能性が高いことを表す well「理にかなって，もっともで」がつき，may よりも高い可能性を表します。(1)が事前の推量であるのに対し，(2)は事後の推量になっています。(1)「たぶん〜だろう」に比べて使われる頻度は低く，you 以外の主語とはあまり使われません。

　　It may well rain in the afternoon.（雨が降る前の推量）
　　「午後には雨が降りそうだ。」
　　You may well get angry.（怒った後の推量）
　　「あなたが怒るのも無理はない。」

・may as well 〜「〜したほうがよいだろう」

　　この表現は may as well 〜 as not から as not が省略されたもので，もともとの意味は「〜しないのと同じくらい〜してもよい」，つまりどちらでもよいということです。「どちらでもよいのなら〜すればよいのではないか」ということで，それほど強い意味の表現ではありません。ここで使われている well も may well 〜の場合と同様，「理にかなって，もっともで」という意味です。

　　You may as well go to see her.
　　「君は彼女に会いに行ったほうがいいだろう。」

・may［might］as well 〜 as（…）「（…）するのは〜するのと同じだ」
　　　　　　　　　　　　　　　　「（…）するくらいなら〜したほうがましだ」

　　この well も「理にかなって，もっともで」という意味です。もともとの意味は「…するのと同じくらい〜してもよい」で，上の may as well 〜と同様，どちらでもよいということです。

　　とくに仮定法の might が使われると，〜の非現実性と比較することによって…のありえなさを強調する表現になります。

　　You might as well throw your money away as lend it to him.
　　「彼にお金を貸すくらいなら捨てた方がましだ。」

　　▶ 現実にお金を捨てることなどありえないわけで，それと比較することによって彼にお金を貸すことの愚かさを強調している。

🔲 shall

① 意志未来「〜するつもりだ」

　　1人称（I, we）が主語の場合です。
　　I shall go to China.「私は中国へ行くつもりだ。」

② **単純未来「〜だろう」**

1 人称（I, we）が主語の場合です。

I shall be very happy to see you. 「お会いできればたいへんうれしいです。」

③ **話者の意志**

You shall have this house after I die.

「私が死んだ後，この家はおまえのものになる。」

▶ この用法はまれで, I will give you this house after I die. のほうがふつう。

④ **相手の意向**

Shall I 〜？で「〜しようか」, Shall we 〜？で「〜しよう」を表します。

Shall I go with you? 「君といっしょに行こうか。」

Shall we go fishing tomorrow?「明日釣りに行こうよ。」

▶ Shall we 〜？は Let's 〜「〜しよう」とほぼ同じ意味。

▣ should, ought to

① **義務「〜すべきだ」**

② **当然「〜のはずだ」**

必然を意味する助動詞です。道徳的必然（人の行為に関わる必然）の場合は義務を表し，日本語では「〜べき」となりますが，論理的必然の場合は当然を表し，日本語では「〜はず」となります。道徳的必然を論理的必然と一体のものとみなす西洋的思考の特徴がここに表れています。

V の原形の部分が**完了形(have + pp)**になると，**「〜すべきだったのに(しなかった)」**となり，過去に対する後悔の気持ちを表すことがあります。この場合，「〜しなかった」ということが含意されています。

You should [ought to] have kept your promise.

「君は約束を守るべきだったのに（守らなかった）。」

また，**「〜した(している)はずだ」**となることもあります。

It should [ought to] have stopped raining by now

「今頃はもう雨は止んでいるはずだ」

▶ by 〜は「〜までに」という意味(p.128参照)。

▣ would

① 過去の習慣「〜したものだ」

I would often come to this river when I was a child.

「私は子どもの頃よくこの川に来たものだ。」

would は多義語なので，過去を表す副詞があるなど，過去であることが明確な文脈でしか用いられません。また，動作動詞としか用いられません。often や sometimes など，頻度を表す副詞とともに用いられることが多いです。

② 過去の強い意志「どうしても〜しようとした」

The engine wouldn't start.「エンジンはどうしてもかからなかった。」

③ 丁寧な依頼

Would you 〜？で「〜していただけませんか」という丁寧な依頼を表現できます。p.138の Could you 〜？と同じようなものです。

Would [Could] you please speak a little louder ?

「もう少し大きな声で話していただけませんか。」

▣ used to

① 「〜したものだった」

動作動詞とともに，**現在と対比した過去の習慣**を表します。

② 「〜だった」

状態動詞とともに，**現在と対比した過去の状態**を表します。

ここで言う「現在と対比した」は「現在はもうそうではない」ということです。used to 〜において最も重要なのはこのことです。

なお発音は子音の前では【júːstə】（ユースタ），母音の前や文末では【júːstu】（ユーストゥ）となります。

His family used to live in Italy.「彼の家族はかつてイタリアに住んでいた。」

　　▶ 現在はもう住んでいないということが含意されている。

▣ need

否定文および疑問文でしか用いられません。

Need I go there?「私はそこへ行く必要がありますか。」

need not have pp で「**〜する必要はなかったのに（した）**」となります。「〜した」ということが含意されています。

You needn't have bought that book.

「君はその本を買う必要はなかったのに（買った）。」

この文は実際に本を買ったことを含意しています。動詞の need にはこの含みはありません。たとえば次の例文を見てください。

You did not need to buy that book.

「君はその本を買う必要はなかった。」

この場合，実際に買ったかどうかはわかりません。

Exercise 19

次の各日本語文(1)～(5)を英訳しなさい。

----

(1) 彼は昨日僕の母に会ったかもしれない。

(2) 君といっしょにここにいましょうか。

(3) 彼女は今朝早く出発したのだから，今頃はもう山形に着いているはずだ。

(4) 彼がここにいるはずがない。

(5) 君は彼女に会いに行くべきだったのに。

Key Points

- 法の助動詞は発言者の心的態度を表す。

- それぞれの助動詞の意味をしっかり理解し，訳語も合わせて覚えることが重要。

- 過去推量は must have pp「～したにちがいない」, cannot [could not] have pp「～したはずがない」, may [might] have pp「～したかもしれない」。

- should [ought to] have pp で「～すべきだったのに（しなかった）」, あるいは「～した（している）はずだ」。

- used to ～は「現在はもう～ない」を含意。

- need not have pp で「～する必要はなかったのに（した）」。

Chapter 16 代名詞

　代名詞とは，それ自体は特定の意味を持たず，別の物事を指し示すのに使われる名詞のことです。

◨ it

① ふつうの代名詞

直前の名詞などを指します。

> Don't leave your jacket here. It will be stolen.
> 「上着をここに置くな。盗まれるぞ。」

② 非人称の it

いわゆる**非人称の it** と呼ばれるもので，**時間・距離・天候・寒暖・明暗**を表します。

> It has been three years since he moved to Tokyo.（時間）
> 「彼が東京に移って 3 年になる。」
> It is ten kilometers from my house to the river.（距離）
> 「僕の家からその川まで10キロある。」
> It is good weather today.（天候）
> 「今日はよい天気だ。」
> It will be cold tomorrow.（寒暖）
> 「明日は寒くなるだろう。」
> It is dark here.（明暗）
> 「ここは暗い。」

③ 形式主語・形式目的語

後に続く to 不定詞や that 節，whether 節などを指します。

> It is not true that he lives in New York.（形式主語）
> 「彼がニューヨークに住んでいるというのは真実ではない。」
> I think it dangerous to go there alone.（形式目的語）
> 「そこに一人で行くのは危険だと思う。」

④ 強調構文

文の中の名詞や副詞を it is と that の間に入れることによって，それを強調する構文があります。いわゆる**強調構文**です。例をあげて解説しましょう。

He will come to my house with his sister tomorrow.

「彼は明日，彼の妹といっしょに僕の家に来る。」

この文において，強調構文を使って強調できる要素に下線を引き，番号をふってみましょう。

He will come to my house with his sister tomorrow.
① ② ③ ④

番号がふられている下線部を It is と that の間に入れ，残りを that の後に置きます。それぞれ，次のようになります。

① It is he that will come to my house with his sister tomorrow.

② It is to my house that he will come with his sister tomorrow.

③ It is with his sister that he will come to my house tomorrow.

④ It is tomorrow that he will come to my house with his sister.

また，最初の文には上の4つ以外に次のような名詞も含まれています。

He will come to my house with his sister tomorrow.
⑤ ⑥

それぞれを強調した文も書いてみましょう。やはり，番号がふられている下線部を It is と that の間に入れ，残りを that の後に置きます。

⑤ It is my house that he will come to with his sister tomorrow.

⑥ It is his sister that he will come to my house with tomorrow.

このようにさまざまな文を作ることが可能です。この構文は，文の中の強調されるものと残りの部分が that の前後で分裂しているので，正式には**分裂文**といいます。また，分裂文には it is 〜 that を使わないものもあるので（p.184参照），それと区別するためにこの構文をとくに **it 分裂文**と呼ぶ場合があります。「強調構文」という名称は俗称です。

過去時制の場合，it is 〜 that よりも it was 〜 that のほうがよく使われます。

It was your mother that wrote this letter ten years ago.

「10年前にこの手紙を書いたのはあなたのお母さんでした。」

人を強調する場合，that の代わりに who，人以外の名詞を強調する場合，that の代わりに which が使われることがあります。とくに who はよく使われます。これは人を指すのに that を使うのは，もの扱いしているようで忍びないという意識が働いているのでしょう。

It is my teacher who is waiting over there.

「向こうで待っているのは私の先生です。」

⑤ **if 節や when 節の内容を指す it**

it が if 節や when 節などの副詞節の内容を指す場合があります。このとき，it は if 節や when 節の前に置かれる場合もありますし，後に置かれる場合もあります。前に置かれる場合，形式主語や形式目的語との違いに注意してください。形式主語や形式目的語が名詞句や名詞節を指すのに対し，この it は副詞節の内容を指します。

Will it bother you if I play the guitar here?

「僕がここでギターを弾いたらあなたの邪魔になりますか。」

⑥ **状況の it**

いわゆる**状況の it** と呼ばれるもので，漠然とそのときの状況を表します。

when it comes to ～ 「～**のことになると**」など，慣用表現に多く使われます。

When it comes to math, he never stops talking.

「数学のことになると，彼の話は止まらない。」

It's my turn.「僕の番だよ。」

▣ one, another, other, others

① **it と one**

it は同一のもの，one は同種のものを指します。

Since I lost my bike, I have to look for it.

（=the bike）

「自転車をなくしたので，探さなければならない。」

Since I don't have a bike, I have to buy one.

（=a bike）

「自転車を持っていないので，1台買わなければならない。」

② one , another , the other , others , the others

例1　**There are two candies here. I will eat <u>one</u> now, and later I will eat the other.**
「ここに2つのキャンディーがある。私は今1つ食べる。そして後でもう1つ食べる。」

one　　　the other

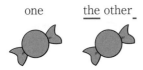

2つのキャンディーがある場合，1つ食べると残りは1つになります。

ここで，不定冠詞 a(an)と定冠詞 the の使い分けを理解しておきましょう。**意識の中で1つに決まるものには the がつき，そして複数ありうるものの1つには a(an)がつきます。**英作文においても a(an)と the の使い分けは形式的にするのではなく，絶えず頭の中で「1つに決まるのか，複数ありうるのか」と考えることが重要です。

2つのものから1つを取って，残りを「もう1つ」と言う場合，意識の中で1つに決まるので the がつきます。また1つなので当然，単数形です。したがって，**the other** になります。

例2　**There are three candies here. I will eat <u>one</u> now, and later I will eat another.**
「ここに3つのキャンディーがある。私は今1つ食べる。そして後でもう1つ食べる。」

one　　　another

3つのキャンディーがある場合，1つ食べると残りは2つになります。「もう1つ」と言う場合，意識の中で複数候補があるものには a(an)がつきますし，また1つなので当然，単数形です。したがって，an + other で **another** になります。

例3 There are three candies here. I will eat <u>one</u> now, and later I will eat <u>the others</u>.

「ここに3つのキャンディーがある。私は今1つ食べる。そして後で残りを食べる。」

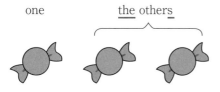

one　　　　the others

3つのキャンディーがある場合，1つ食べた残りは1通りの組み合わせしかありません。意識の中で1つに決まるものには the がつきますし，また2つなので当然，複数形です。したがって，**the others** になります。

例4 There are many candies here. I will eat <u>some</u> now, and later I will eat (some) others.

「ここにたくさんのキャンディーがある。私は今いくつか食べる。そして後でまたいくつか食べる。」

some　　　　　　　　(some) others

たくさんのキャンディーがある場合，いくつか食べても残りはやはりかなりの数になります。そこからさらに「いくつか」食べる場合，その選び方は複数あります。英語では複数形につく不定冠詞はありませんが，それに限りなく近いものとして some をつけてもよいでしょう。また「いくつか」なので当然，複数形です。したがって，**(some) others** になります。

例5 **There are many candies here. I will eat some now, and later I will eat the others.**

「ここにたくさんのキャンディーがある。私は今いくつか食べる。そして後で残りを食べる。」

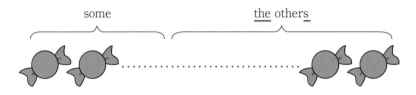

たくさんのキャンディーがある場合，いくつか食べた残りは1通りの組み合わせしかありません。意識の中で1つに決まるものには the がつきます。またそれは当然，複数形です。したがって，**the others** になります。

他の例も見ておきましょう。

I don't like this one. Show me another.

「これは気に入らないわ。他のを見せてちょうだい。」

He has a pen in one hand and a notebook in the other.

「彼は一方の手にペンを持ち，もう一方の手にノートを持っている。」

Maria bought ten carrots. She will use some for the dinner tonight, but she doesn't know what to do with the others.

「マリアはニンジンを10本買った。今晩のおかずに何本か使うが，残りをどうするかはわからない。」

③ **A is one thing … B is (quite) another**
「AとBは（まったく）別のこと［もの］である」

To call oneself a teacher is one thing; to be one is another.

「教師だと自称することと教師であることは違う。」

④ **another ～「もう～」**

Can we have another two beers? 「ビールをあと2つちょうだい。」

これは，Can we have two more beers? とすることもできます。beer「ビール」は液体で本来数えられないものですが，注文をするときには「1本」あるいは「1杯」と数えられるので，数えられる名詞として扱います。coffee「コーヒー」なども同様です。

⑤ **some 〜 others … 「〜する人もいれば，…する人もいる」**

Some are going fishing and others are going swimming.

「釣りに行く者もいれば，泳ぎに行く者もいる。」

▣ 所有代名詞

「あの彼女の本」を英語で表す場合，「あの」（that）も「彼女の」（her）も英語では冠詞相当語となり，2つ同時には使えません。その場合，her を of hers にして後ろからかけます。hers は所有代名詞で「彼女のもの」，of hers で「彼女の本の中の」となります。

that book of hers
あの　　　　彼女の

a friend of mine「友だち」という表現も同じ原理でできています。

Look at that dog of his. It looks like a bear.

「あの彼のイヌを見て。クマみたいだわ。」

▣ 再帰代名詞を使った慣用表現

① **by oneself「一人で」**

Are you traveling by yourself？「あなたは一人で旅行しているのですか。」

② **for oneself「独力で」**

もともとは「自分（自身）のために」。こちらの意味で使われることもあります。

He made this garden for himself.「彼は自分でこの庭を作った。」

③ **in oneself「それ自体」**

通常，人間以外のものに用いられるので，in itself，あるいは in themselves になります。

Walking in itself is good for the health.「歩くことは本来，健康によい。」

④ **beside oneself「我を忘れて，逆上して」**

She was beside herself with grief.

「彼女は悲しみのあまり気が動転していた。」

⑤ **between ourselves「ここだけの話だが，内緒だが」**

Between ourselves, what he told you is not true.

「ここだけの話だが，彼が君に話したことは真実ではないんだ。」

⑥ **in spite of oneself「われ知らず，思わず」**

He laughed <u>in spite of himself</u>.「彼は思わず笑った。」

Exercise 20

次の日本語文を英語に訳しなさい。

- -

ここに３本のバナナがあります。僕は昼ごはんの後にそのうちの１本を食べ，晩ごはんの後にもう１本食べます。

Key Points

■ 非人称の it は時間・距離・天候・寒暖・明暗。

■ 強調構文では，強調したい名詞や副詞を it is と that の間に置き，残りを that の後に置く。

■ 意識の中で１つに決まるものには the，複数ありうるものには a(an)をつける。

英語の持つ多様な否定表現を，次のような区分に従って系統立てて学習しましょう。

◙ 強い否定

□ never「決して〜ない」

ごく頻繁に使われる強い否定を表す副詞です。

　He <u>never</u> eats eggplants.「彼は決してナスを食べない。」

□ no 〜「少しも〜ない」
□ not a 〜「一つも〜ない」
□ not a single 〜「たった一つも〜ない」

　形容詞として名詞にかかります。no 〜は not 〜 any に書きかえられます。no 〜の強調形が not a 〜です。それをさらに強調すると not a single になります。なお，no 〜と not 〜 any と not a 〜の意味の強弱の違いは文脈や状況によって変わるあいまいなものなので，それほど気にする必要はありません。

　He has <u>no</u> money.

　（ = He does <u>not</u> have <u>any</u> money.）

　「彼は全然お金を持っていない。」

　<u>Not a</u> star was seen.「星一つ見えなかった。」

　<u>Not a single</u> star was seen.「たった一つの星も見えなかった。」

□ nobody ［no one］「誰も〜ない」
□ nothing「何も〜ない」

　代名詞です。nobody ［no one］は人，nothing は人以外を表します。

　<u>Nobody</u>［no one］came to see you.「誰も君に会いに来なかったよ。」

　There is <u>nothing</u> I can eat.「私が食べられるものは何もないわ。」

□ none「何も〜ない」「誰も〜ない」

　none は代名詞です。もともとは単数なので単数扱いされることもありますが，慣用的に複数扱いされることが多いです。また，文脈上何かを指す場合は人

や人以外の何でも指すことができますが，何も指すものがない場合は人を表し，nobody の意味になります。ちなみに否定語ではありませんが，one や those も文脈上何かを指す場合は人や人以外の何でも指すことができますが，何も指すものがない場合は人を表します。

None of his shirts are clean.

「彼のシャツの中にきれいなものは一つもない。」

None were sick enough to require intensive care.

「集中治療が必要なほど病状の重い人は一人もいなかった。」

□ neither「どちらも〜ない」

2者の否定です。代名詞・形容詞・副詞として使われ，代名詞の場合，人や人以外の何でも指すことができます。not either で書きかえられます。

I met neither of your parents.

(= I did not meet either of your parents.)

「僕は君の両親のどちらにもお会いしていない。」

neither A nor B「A も B もない」は頻出の慣用表現です。否定表現ではないですが関連する表現として，either A or B「A か B かのどちらか」も覚えておきましょう（p.65参照）。

□ V の前の little

little は「ほとんど〜ない」という弱い否定の意味で使われるのが一般的ですが，V の前に置かれると「まったく〜ない」という強い否定を表す副詞になります。この用法の little は，believe, dream, expect, care, realize, be aware of などの認知系の意味の動詞とともに使われます。

Little did I dream of his coming here.

「彼がここに来るとは夢にも思っていなかった。」

一般に否定の副詞が文頭に置かれると強調されます。この文は否定の副詞 little が強調のために SV の前に置かれて，SV が倒置されています（p.64参照）。

もとの文は次のようになります。

I little dreamed of his coming here.

「彼がここに来るとは夢にも思っていなかった。」

▶ 上の文と同じ訳だが，強調は程度の問題なのでさしつかえない。ただしめったにないことだが，仮にこの 2 つの文が同一文章の中に同時に出てきて訳し分けなければなら

153

ない場合には，たとえば 1 つめの文の訳を「〜まったく夢にも〜」とするなどの工夫が必要になる。

□ not 〜 at all「全然〜ない」

at all は「少しでも」という意味の副詞句です。not 〜 at all で「少しでも〜ない」から「全然〜ない」の意味になります。

I didn't see him at all.「私は彼に全然会わなかった。」

at all は否定文以外でも使えます。

If you have money at all, please lend me some.

「少しでもお金を持っているなら，いくらか貸してください。」

□ no 〜 whatever「少しも〜ない」

whatever は名詞の後に置かれて「どんな〜でも」という意味になる形容詞です。「どんな〜もない」から「少しも〜ない」の意味になります。

I have no doubt whatever that she is innocent.

「彼女が潔白であることを私は少しも疑っていない。」

▶ that 節は doubt と同格の関係（p.5参照）。

whatever は否定文以外でも使えます。その際，一般に **any 〜 whatever「どんな〜でも，少しでも」**の形で使われます。

Do we have any chance whatever of surviving another war?

「再び戦争が起こったら，私たちが生き残る可能性は少しでもあるのだろうか。」

□ not 〜 in the least「少しも〜ない」

I'm not in the least afraid of ghosts.「幽霊なんて少しも怖くない。」

□ in no way「決して〜ない」

He is in no way to blame.「彼は決して悪くない。」

▶ be to blame「責任がある」。

🔲 弱い否定

□ hardly, scarcely「ほとんど〜ない」

程度がきわめて低いことを表す副詞です。

I can hardly [scarcely] hear his voice.「彼の声はほとんど聞こえない。」

□ seldom, rarely「めったに〜ない」

頻度がきわめて低いことを表す副詞です。

He seldom [rarely] comes to school.「彼はめったに学校に来ない。」

□ few「ほとんど〜ない」

数えられるものを表す代名詞・形容詞です。**a few** で**「少数 (の)」**という肯定の意味になります。

Martin has few friends.「マーティンにはほとんど友達がいない。」

There are a few pencils on the desk.「机の上に数本の鉛筆があります。」

□ little「ほとんど〜ない」

数えられないものを表す代名詞・形容詞・副詞です。**a little** で**「少し (の)」**という肯定の意味になります。

We have little rain in this country.「この国ではほとんど雨が降らない。」

I have a little money now.「私は今，少しお金を持っています。」

◉ 部分否定

「まったく〜ない」「誰も〜ない」などと全部を否定することを**全否定**といいます。それに対して，「すべてが〜なわけではない」などと部分的に否定することを**部分否定**といいます。一般に「すべての」「完全に」「両方」などを表す単語に否定語がつくと部分否定になります。部分否定の文を和訳するときには注意が必要です。たとえ読めたとしても，日本語で部分否定であることが伝わっていなければ，それは正しい訳とは言えません。部分否定を訳す際に大いに役立つのが**「〜なわけではない」「〜とはかぎらない」**です。常に使えるわけではありませんが，使えるときには使いましょう。

I haven't read all his novels.
「私は彼の小説をすべて読んだわけではない。」
I did not meet both of the twins.
「私はそのふたごの両方に会ったわけではない。」
We didn't see everything in this museum.
「私たちはこの博物館にあるものをすべて見たわけではない。」

Children do not always [necessarily] like sweets.
「子どもが必ずしも甘いものが好きとはかぎらない。」
not always ～ は一般に，論理的な意味の場合に**「必ずしも～とはかぎらない〔なわけではない〕」**，時間的な意味の場合に**「いつも～とはかぎらない〔なわけではない〕」** と訳します。

One and one do not always make two.
「1たす1は必ずしも2であるとはかぎらない。」
Her elderly father is not always at home.
「彼女の老齢のお父さんはいつも家にいるとはかぎらない。」
　もちろん，この2つが明確に区別できない場合もあるので，訳については臨機応変に対応しなければなりません。

　I don't think they understood what I said completely.
　「彼らは私の言ったことを完全に理解したわけではないと思う。」
　not は文中で前に出やすい言葉なので文の動詞 think を否定しますが，日本語でこの内容を表現するときは「理解した」を否定するのが一般的です。このように文中で否定語が何を否定するかが英語と日本語で違う場合があります。

I do not think she works here.
「僕は彼女はここで働いていないと思う。」

　これを「僕は彼女はここで働いているとは思わない。」と訳しても間違いではありませんが，上のように訳したほうが自然な日本語になる場合が多いでしょう。

　You are not quite right. 「あなたの言うことが完全に正しいわけではない。」
「あなたが完全に正しいわけではない。」でも間違いではないですが，この例文の You は「あなた」そのものではなく「あなたの言うこと」です。

Do you understand me？
「僕の言うことがわかりますか。」

このように人称代名詞が人そのものではなく，人の発言内容を指す場合があります。そこで You の正確な意味を表現するために「あなたの言うことが〜」としました。

◉ 注意すべき否定表現

否定語を用いずに否定の意味を表す表現も多く，注意が必要です。

□修辞疑問文

反語のことです。疑問文の形をしていますが，伝えたいのは疑問ではなく否定です。

Who can answer this question?
「誰がこの問いに答えられようか。（誰も答えられない。）」

□ anything but 〜「決して〜ではない」
□ far from 〜「決して〜ではない」

but は「〜以外」を表す前置詞です。anything は「どんなものでも」ですので，anything but 〜のもともとの意味は「〜以外なら何でも」です。far from 〜のもともとの意味は「〜からかけ離れている」ということです。意味の成り立ちは違いますが，結果的にほぼ同じ意味の表現になっています。

This is anything but difficult.「これは決して難しくない。」
He is far from happy.「彼は少しも幸福ではない。」

□ the last 名詞 to 〜[関係節]「決して〜しない」

「〜する最後の…」がもともとの意味です。世の中で最後に〜するのだから，決して〜しないのも同然です。

He is the last person to deceive other people.
「彼は決して他人をだましたりはしない人である。」

□ fail to 〜「〜しない，できない」

Mike often fails to keep his word.「マイクは約束を守らないことがよくある。」

□ be [have] yet to 〜「まだ〜していない」

He is yet to know the truth.「彼はまだ真実を知らない。」

□ beyond ～ 「～できない」

beyond は「～をこえて」という意味の前置詞です（p.134参照）。

The beauty of the landscape was <u>beyond</u> description.

「風景の美しさは筆舌に尽くしがたいほどだった。」

▶ description「言葉で説明［記述］すること」。

□ above ～ 「～するのを潔しとしない」

above は「～よりも上」という意味の前置詞です（p.133参照）。ここでは「～よりも道徳的に上」という意味で使われており，結果的に～を否定しています。

He is <u>above</u> betraying his friends.「彼は友だちを裏切るような人ではない。」

□ free from ～ 「～がない」

「～を持っていない」という意味で，前ページの far from ～「決して～ではない」とは意味がまったく違います。

The old people in this village are <u>free from</u> diseases.

「この村のお年寄りは病気にかかっていない。」

□ more than S can ～ 「Sが～できない」

「Sが～できるのをこえている」がもともとの意味です。

The pain was <u>more than</u> I <u>could</u> stand.

「痛みは耐えられないほどのものだった。」

□ not a little 「少なからず，かなりの」

形容詞・副詞として使われます。not は文の動詞ではなく，a little を否定しています。

He has not a little money.「彼はかなりのお金を持っている。」

□ not a bit 「少しも～ない」

副詞として使われます。a bit も a little と同様に「少し」という意味ですが，not がつくと not a little とはまったく逆の意味になります。この表現では not は a bit と連動してはいますが，あくまでも文の動詞を否定しており，a bit を否定しているのではありません。

I'm not a bit hungry.「まったくおなかはすいていないよ。」

□ no longer「もはや～ない」

副詞として使われます。not ～ any longer に書きかえられます。

My brother is no longer interested in dinosaurs.

(＝My brother is not interested in dinosaurs any longer.)

「僕の弟はもはや恐竜に興味がない。」

Exercise 21

(1)(2)の英文を和訳し，(3)(4)の日本語文を英訳しなさい。

---

(1)　She little knew what she had done.

(2)　All of the students did not study French. Some chose other languages.

(3)　彼はめったにコーヒーを飲まない。

(4)　あの夫婦は2人ともお酒が好きではない。

Key Points

■ V の前の little は「まったく～ない」。

■ hardly, scarcely は「ほとんど～ない」（程度），seldom, rarely は「めったに～ない」（頻度）。

■ 部分否定で役立つ訳は「～なわけではない」「～とはかぎらない」。

■ not a little は「少なからず」，not a bit は「少しも～ない」。

Key Points 一覧

Key Points を見て，その Chapter やセクションの内容が頭に浮かばなければ，本書の該当箇所に戻って説明を読み返してみましょう。

Chapter 0 文法のピラミッド

- 英語学習では，土台から一つひとつ理解を積み重ねることが大切。
- 文法のピラミッドの1段目は品詞と5文型，2段目は準動詞，3段目は節を作るもの。ここまでが文の構造の文法，4段目から上が意味の文法。

Chapter 1 品詞と5文型

▶品詞とは

- 基本3大品詞は名詞，形容詞，副詞。
- 名詞の用法は，S，O，C，前O，同格。
- 形容詞の用法は，名詞にかかるかCになる。前から後ろからCと覚える。
- 副詞の用法は，動詞，形容詞，副詞にかかる。

▶文中での役割

- 基本3大品詞(名詞，形容詞，副詞)と動詞が文に入ると，S，V，O，C，㊧，㊙の6つの役割にわかれる。
- S，V，O，Cは文の要素。
- ㊧，㊙は修飾語で，Mで表す。

▶ 5 文型

- 5文型は，第1文型（ＳＶ），第2文型（ＳＶＣ），第3文型（ＳＶＯ），第4文型（SVO_1O_2），第5文型（ＳＶＯＣ）。
- Ｃは補語で，第2文型ではＳ＝Ｃ，第5文型ではＯ＝Ｃ。
- Ｏは目的語で，Ｓ≠Ｏ。
- 自動詞はＯを持たない第1文型，第2文型，他動詞はＯを持つ第3文型，第4文型，第5文型。
- 言葉の大きさは語・句・節。

Chapter 2 さまざまな動詞

- 動詞には be 動詞と一般動詞がある。
- be 動詞の意味は，存在とイコール。
- lie（ライレイレイン），lay（レイレイドレイド），lie（ライライドライド），rise（ライズロウズリズン），raise（レイズレイズドレイズド）をまとめて言えるようにしておこう。
- 使役動詞は make, let, have 。
- 第5文型でＣに動詞の原形がくるのは，知覚動詞，使役動詞，help 。

Chapter 3 準動詞とは

- 準動詞は，本来動詞であるものを基本3大品詞に役割変換するものである。
- 準動詞には，不定詞，分詞，動名詞がある。
- 不定詞は動詞を⒜⒝⒞，分詞は動詞を⒝⒞，動名詞は動詞を⒜に変える。
- 不定詞の⒜⒝⒞は未来的，分詞・動名詞の⒜⒝⒞は過去・現在的。

Chapter 4 準動詞 1 ～不定詞～

- 不定詞は，動詞を名詞・形容詞・副詞に変えるもの。
- 名詞的用法は「～すること」と疑問詞＋ to 不定詞。「～すること」は S, O, C，疑問詞＋ to 不定詞は S, O, C, 前 O, 同格。
- 形容詞的用法は名詞に直接かかるか C になる。名詞に直接かかるのは SV, OV, 同格，慣用。C になるのは予定，義務，可能，運命，意志。
- 副詞的用法は目的，感情の原因，判断の根拠，結果，程度，形容詞限定，条件。
- コンブ。
- ［自動詞＋前置詞］＝他動詞，［他動詞＋ O］＝自動詞。
- 文修飾副詞は文全体について何かを述べたり，つけ加えたりする。

Chapter 5 準動詞 2 ～分詞～

- 分詞には現在分詞と過去分詞がある。
- 分詞は動詞を形容詞・副詞に変えるもの。
- 副詞に変えるものを分詞構文という。
- 形容詞的用法は前から後ろから C。
- 分詞構文の意味は同時。
- 分詞構文の意味上の主語は，原則として文の主語。そうでない場合は，意味上の主語を直前に置く（独立分詞構文）。

162

Chapter 6 準動詞 3 〜動名詞〜

- 動名詞は動詞を名詞に変えるもの。
- 動名詞の意味上の主語は，人称代名詞や人や動物を表す名詞の場合，所有格か目的格，無生物を表す名詞の場合，そのままの形（目的格）。

Chapter 7 準動詞のまとめ

- 準動詞の否定形は，not や never を to 〜や〜ing などの直前に置く。
- 文の V よりも前のことは完了形。
- to 不定詞を O にとる動詞は未来志向，動名詞を O にとる動詞は過去・現在志向。

Chapter 8 節を作るもの 1 〜接続詞・疑問詞〜

▶接続詞・等位接続詞

- 接続詞には，等位接続詞と従位接続詞がある。
- 等位接続詞は，文法的にも意味的にも同じ種類のものどうしを結ぶ。
- 等位接続詞は，and, but, or, for, so, nor, yet。

▶従位接続詞

- 従位接続詞には，名詞節を作るものと副詞節を作るものがある。
- 名詞節を作る従位接続詞は，that, whether, if。
- 名詞節のうち，that 節と whether 節は S，O，C，前 O，同格，if 節は O。

- 間接疑問文は名詞節を作り，文中ではＳ，Ｏ，Ｃ，前Ｏ，同格の役割を果たす。
- yes あるいは no で答えられる疑問文のとき what は後ろに置かれるが，具体的内容で答えなければならない疑問文のときは文頭に置かれる。

Chapter 9 節を作るもの 2 〜関係詞〜

▶関係詞

- 関係詞には関係代名詞・関係形容詞・関係副詞がある。
- 「関係」とはＳＶとＳＶを結ぶ接続詞の役割のこと。
- 関係節はすべて完全な文。

▶関係代名詞

- 関係代名詞の格（主格・所有格・目的格）は，関係節の中での役割によって決まる。
- 非制限用法と制限用法の意味の違いに注意。
- ２重限定はあらゆる形容詞に共通。
- 連鎖関係節の成り立ちを理解しよう。
- what 節は「〜もの」「〜こと」。

▶関係副詞

- 主な関係副詞は when, where, why, how の 4 つ。
- the way と how はいっしょに使えない。
- 関係詞の省略の真の意味を理解しよう。
- 関係副詞の代用の that 。

▶関係形容詞

- 関係形容詞の what は「すべての〜」という意味。
- 関係形容詞の which は直前の名詞か，カンマの前の内容を指す。

Chapter 10 時制

- 時制には，過去・現在・未来の3つがあり，そのそれぞれが完了相・単純相・進行相の3つの相（アスペクト）を持つ。
- 状態動詞の現在単純形は現在の事実。
- 継続動詞の現在単純形は習慣・習性，現在進行形は現在の事実。
- 瞬間動詞の現在単純形は習慣・習性，現在進行形は近未来。
- 完了形の意味は完了・結果，経験，継続。
- 動作動詞の継続は完了進行形。
- 過去完了形には大過去の用法がある。

Chapter 11 受動態

- 「〜する」は能動態。その目的語を主語に持つ「〜される」は受動態。
- 第3, 4, 5文型の文しか受動態に変えることはできない。

Chapter **12** 比較

- 比較表現には，原級・比較級・最上級の３つがある。
- not as ［so］ ～ as …は「…ほど～ない」。
- 指示副詞の the＋比較級の意味の成り立ちを理解しておこう。
- the 比較級～，the 比較級…は「～すればするほど…だ」。
- no＋比較級の意味の成り立ちを理解しておこう。
- no more than ～（＝ only ～）「しか～」, no less than ～ （＝ as much as ～）「～も」, not more than ～（＝ at most ～）「多くとも［せいぜい］～」, not less than ～（＝ at least ～）「少なくとも～」を理解した上で，まとめて言えるようにしておこう。

Chapter **13** 仮定法

- 仮定法過去は現在および未来の非現実。
- 仮定法過去完了は過去の非現実。

Chapter **14** 前置詞

- 前置詞は基本的意味を理解することが重要。
- 前置詞の基本的意味は空間的。

Chapter **15** 助動詞

- 法の助動詞は発言者の心的態度を表す。
- それぞれの助動詞の意味をしっかり理解し，訳語も合わせて覚えることが重要。
- 過去推量は must have pp「〜したにちがいない」, cannot [could not] have pp「〜したはずがない」, may [might] have pp「〜したかもしれない」。
- should [ought to] have pp で「〜すべきだったのに（しなかった）」, あるいは「〜した（している）はずだ」。
- used to 〜は「現在はもう〜ない」を含意。
- need not have pp で「〜する必要はなかったのに（した）」。

Chapter **16** 代名詞

- 非人称の it は時間・距離・天候・寒暖・明暗。
- 強調構文では，強調したい名詞や副詞を it is と that の間に置き，残りを that の後に置く。
- 意識の中で 1 つに決まるものには the，複数ありうるものには a(an)をつける。

Chapter **17** 否定

- V の前の little は「まったく〜ない」。
- hardly, scarcely は「ほとんど〜ない」（程度）, seldom, rarely は「めったに〜ない」（頻度）。
- 部分否定で役立つ訳は「〜わけではない」「〜とはかぎらない」。
- not a little は「少なからず」, not a bit は「少しも〜ない」。

Chapter Extra
小さいけれど気になるテーマ

最後に細かいことですが，勘違いされていたり，理解が不十分なことも多い気になる文法事項を拾い集めて解説しましょう。

テーマ1 5文型の視覚的構造

Chapter 1で説明した通り，第4文型は第3文型の亜流であって独立して存在するものではありません。よって第4文型は第3文型に含めて考えます。

第1文型と第2文型がOを必要としない自動詞，第3文型（＆第4文型）と第5文型がOを必要とする他動詞でした。また，第1文型と第3文型（＆第4文型）ではCがなくてもピリオドが打てる動詞が使われます。これを**完全動詞**といいます。一方，第2文型と第5文型で使われる動詞はCがなければピリオドが打てません。これを**不完全動詞**と言います。

この関係を図示すると，次のようになります。

	自動詞	他動詞
完全動詞	第1文型	第3文型 O （＆第4文型）
不完全動詞	第2文型 C	第5文型 O C

第1文型の動詞は**完全自動詞**，第2文型の動詞は**不完全自動詞**，第3文型（第4文型）の動詞は**完全他動詞**，第5文型の動詞は**不完全他動詞**です。左上のマスにはOもCもなく，左下のマスにはCだけ，右上のマスにはOだけ，右下のマスにはOCが入ります。Oの流れとCの流れが第5文型で出会い，美しい田の字型構造を作っています。

5文型を採用する合理性の一端がここに垣間見られます。

テーマ2 1語の形容詞が後ろからかかる場合

p.6で形容詞が名詞にかかる場合，原則として1語の場合は前からかかると書きましたが，例外があります。1語でも後ろからかかる場合があるのです。たとえば，something, somebody, someone などに形容詞がかかる場合，something good などと後ろからかかることはよく知られています。これは本来，形容詞は some や any や no などの冠詞相当語の後に置いて，some good thing としなければなりませんが，something と1語になっているのでそれができず，しかたなく後ろに置かれることになったのだと推測できます。

他には，たとえば present という形容詞は，1語でも後ろからかかることが可能です。present は名詞に前からかかる場合は「現在の」という意味になりますが，後ろからかかる場合は「その場にいる」という意味になります。

the present situation「現在の状況」

the people present「その場にいる人々」

present は C になる場合は「その場にいる」という意味ですから，後ろからかかる場合は the people who are present の who are が省略されたものだと推測できます。

また available や imaginable などの -able, -ible で終わる形容詞も後ろからかかることがあります。

There are no taxis available.「利用できるタクシーがない。」

the largest number imaginable「考えられるかぎり最大の数」

これらも次の2例のような関係節の赤色部分の省略だと考えられます。

There are no taxis that are available.

the largest number that is imaginable

その他，外国語の影響などさまざまな理由で後ろからかかる場合がありますが，多くの場合，今述べたような C になる用法からの転用です。

形容詞は一般に前から直接かかる場合に恒常的な性質を表し，C になる場合に一時的な状態を表す傾向があります。後ろからかかる用法が C になる用法からの転用であることを考えると，**形容詞が前からかかる場合は恒常的な性質を表し，後ろからかかる場合は一時的な状態を表す傾向がある**ということが言えます。

分詞が形容詞として名詞にかかる場合にも，同様のニュアンスの違いが認めら

れます。たとえばa singing waiter と言えば,「一時的に歌をうたっているウェイター」というよりも「仕事として常に歌をうたうウェイター」というニュアンスが強くなります。現に僕がかつてニューヨークに住んでいたときに歌をうたいながら接客して人気を博していた a singing waiter についての雑誌記事を読んだ記憶があります。僕もニューヨークではレストランのウェイターとして生計を立てていましたから。仕事中に歌はうたっていませんでしたけどね(笑)。

テーマ3 句動詞の3つの型

　動詞に前置詞や副詞がついて連語になったものを**句動詞**と言いますが,その成り立ちには3つの型があり,それを知らなければ,読む場合はなんとかなるとしても,正しい英語は書けません。

　次の3つです。

　　| 自動詞 | + | 副詞 |　　　　talk on「話し続ける」
　　| 自動詞 | + | 前置詞 |　　　sit on the chair「いすに座る」
　　| 他動詞 | + | 副詞 |　　　　turn on the television「テレビをつける」

　on にはおおまかに言って,前置詞と副詞の2つの働きがあります。on の基本的意味は接触でした。そこから副詞の場合,「(動作を)続けて」「(電気やテレビなどが)ついて」などのさまざまな意味を持つことになります。上の3つの型の区別を知らなければ,とくに目的語がある場合に問題が生じます。というのもsit on the chair の場合, the chair が it にかわっても sit on it で語順に変化はないのですが, turn on the television の場合, the television が it にかわると turn it on の語順になるのです。「短い代名詞は他動詞と副詞の間に入る」と習ったことはありませんか。そういうことです。turn on が | 他動詞 | + | 副詞 | だということを知らずに,人にテレビを指さしながら, Could you please turn on it? と言ってしまったらたいへんです。「テレビの上で回ってくれ? どういうこっちゃねん。今のテレビは昭和と違って薄型やぞ。どないして上にのぼって回れっちゅうねん。」と言われてしまいそうです(笑)。

　僕は高校生のときに辞書を引く中でこの3つの重要性に気づいて意識するようになりました。**英語の勉強において辞書を引くことは欠かせません。**辞書によっては,特殊な記号を使ったり,その表記の仕方はさまざまですが,学習用のいわゆる中辞典でこの3つを区別していない辞書はおそらくないでしょう。自分の辞

書がどのような表記の仕方をしているかさっそく確認して，この3つの句動詞の型を活用していきましょう。

テーマ④ unless と if not はどう違う？

かつてセンター試験に次のような問題が出題されました。

I'll be surprised ⬚ an accident. He drives too fast.

① if Tom doesn't have　　② if Tom has

③ unless Tom doesn't have　④ unless Tom has

（1993年センター試験本試験　第2問A問14）

---

unless の意味を「～しないかぎり」（p.69参照）と覚えていれば簡単に解ける問題なのですが，当時の受験生の大半が，unless = if not と丸暗記していたからたいへんです。この問題の正答率はものすごく低かったそうです。

unless 節が表すものの正確な意味は，**主節の内容を否定するための必要条件（except if ～）**です。逆に言えば，主節の内容の否定が unless 節の内容の十分条件になっています。

必要条件，十分条件について少し説明しておきましょう。真偽の判定対象となる文のことを論理学では**命題**といいます。命題「AならばB」が真であるとき，AをBであるための**十分条件**，BをAであるための**必要条件**といいます。たとえば「サルならば哺乳類」において，サルであることは哺乳類であるための十分条件であり，哺乳類であることはサルであるための必要条件です。必要条件と十分条件の関係をベン図で表すと次のようになります。

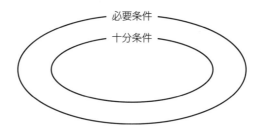

なお「AならばB」の関係は**「AとなるのはBの場合のみ」**と言いかえることもできます。

たとえば次の文を見てください。

I will keep teaching you unless you give up.

「君があきらめないかぎり，僕は君を教え続けるぞ。」

この文の主節と従属節（unless 節）の論理関係は，主節の内容「僕が君を教え続けること」が否定される場合には，必ず従属節の内容「君があきらめること」が生じるということです。平たく言えば，「僕が君を教え続けるのをやめるのは君があきらめる場合のみだ」ということです。しかし英文を読んだり問題を解いたりするときにこんなことをいちいち考えていられませんよね。数学が苦手で必要条件とか十分条件とか言われてもさっぱりわからないという人もいるだろうし（受験で数学が必要な人にとっては，必要条件や十分条件についておさらいするよい機会ですけどね）。でも安心してください。unless を「〜しないかぎり」と正しい意味を表す訳で覚えておけば何の問題もありません。

ちなみに if 節が表すものは**主節の内容の十分条件**です。A if B は「B ならば A」という訳になります。

さて，前ページの問題に戻りましょう。問題文の第 2 文 He drives too fast.「彼はスピードの出し過ぎだ。」から，問題文の第 1 文の意味は「トムが事故を起こさなければ僕は驚くよ。」となることがわかります。したがって選択肢②と③は必然的に除外されます。では④を選ぶとどうでしょう。「〜しないかぎり」という訳をあてはめると，「トムが事故を起こさないかぎり，僕は驚くよ。」となります。これだと「トムが事故を起こすまで，何が起こっても僕は常に驚くよ。」というありえない意味になるということは感覚的にわかりますよね。これで④も除外されます。

では④について論理的にはどうかというと，unless の意味から「トムが事故を起こすこと」は「僕が驚かないこと」の必要条件，逆に言えば「僕が驚かないこと」は「トムが事故を起こすこと」の十分条件ですから，「僕が驚かないのはトムが事故を起こす場合のみだ。」ということになります。これは言いかえれば，「トムが事故を起こしていない間は（起こすまでは），何が起こっても僕は常に驚く。」となり，上の感覚的理解の場合と同じありえない帰結に行きつきます。

①を選ぶと，if 節の内容は主節の内容の十分条件ですから，「トムが事故を起こさなければ僕は驚くよ。」となって，問題文の第 2 文の意味から推測した意味にピッタリ一致します。したがって正解は①です。

このように，unless を「～しないかぎり」，if not を「～しなければ」と正確な意味を表す訳で覚えておけば何の問題もありません。

★ FURTHER EXPLANATION

①について論理的に見てみると，実はその根底には一見不可解なことが隠れているのです。それをあばき出して，なぞを解き明かしてみましょう。

その前に論理学の追加説明です。命題「AならばB」に対して「BならばA」のことをその命題の**逆**といいます。また，命題「AならばB」に対して「not A ならばnot B」のことをその命題の**裏**といいます。そして命題「AならばB」の逆の裏である「not B ならば not A」のことをその命題の**対偶**といいます。「AならばB」とその対偶「not B ならば not A」は真偽が一致します。なぜこんな論理学の説明をしたかというと，ここで使うからです。

I'll be surprised if Tom doesn't have an accident.

「トムが事故を起こさなければ僕は驚くよ。」

この文において，if 節の内容「トムが事故を起こさないこと」は，主節の内容「僕が驚くこと」の十分条件です。この文の内容が真だとすれば，その対偶「僕が驚かなければ，トムが事故を起こす。」も真になるはずです。これは言いかえれば，「僕が驚かないのはトムが事故を起こす場合のみだ。」となります。これは前ページの④から導き出されたものとまったく同じありえない帰結です。

なぜこんなことが起きるのでしょうか。

実は if 節が主節の内容の十分条件を表し，unless 節が主節の内容の否定の必要条件を表すと単純化して言うと，if not 節と unless 節は論理的には同じものになってしまうのです。だから後で見るように，unless と if not は書きかえられる場合が多いのです。

このセンター試験の問題は「もし～ならば」と「～しないかぎり」という訳語を覚えていれば感覚的には解けますが，論理的にしっかり理解するためにはもう一つの観点が必要です。それは，unless Tom has an accident は，論理空間内で「トムが事故を起こすこと」の外側に広がる無限を表しており，文脈に関係なく，トムが事故を起こすこと以外のすべての条件を表すのに対して，if Tom doesn't have an accident は，「トムが事故を起こさないこと」が文脈によって指示された特定の状況で生じることを表しているということです。

unless Tom has an accident

| Tom has an accident |

if Tom doesn't have an accident

| Tom doesn't have an accident |

「文脈によって指示された特定の状況」とはこの場合，トムがものすごくスピードを出している状況のことです。ここでの if 節の内容はそのニュアンスをできるかぎり正確に表せば，「(トムがものすごくスピードを出している状況で)トムが事故を起こさないということが生じれば」ということになるのです。するとこの文は「(トムがものすごくスピードを出している状況で)トムが事故を起こさないということが生じれば，僕は驚くよ。」となります。平たく言えば，「(トムがものすごくスピードを出している状況で)トムが事故を起こさなければ，僕は驚くよ。」ということです。これでなぞは解決されます。哲学において無という概念についての考え方は，大まかに言えば，「存在するもの以外」と「無という存在」の 2 つがありますが，unless の否定の性質は前者に相当し，if not の否定の性質は後者に相当します。

マニアックな論理学的説明になってしまいましたが，ここは飛ばしてもらってもまったくかまいません。興味のある方はがんばって理解してみてください(笑)。

unless と if not の違いを説明するために p.171 の問題を例として用いたのですが，多くの場合，unless と if not は若干のニュアンスの違いはありますが，書きかえが可能です。

I won't go unless you go.
「君が行かないかぎり僕も行かない。」
＝ I won't go if you don't go.
「君が行かないのなら僕も行かない。」

まれに unless 節の中が否定文のことがあります。その場合，if not で書きかえることはできません。

You should not sing a song loudly unless there is no one around you.
「周りに誰もいない場合以外は大声で歌をうたうべきではない。」
  ▶ unless 節の中が否定文の場合，「〜しないかぎり」という定番の訳では不自然な日本語になるので，このような訳にした。

また，unless 節に仮定法が用いられることはきわめて少なく，英作文では unless 節での仮定法の使用は避けたほうがよいでしょう。

テーマ5 命令・提案・要求・決定の内容を表す that 節

命令・提案・要求・決定の内容は実現するかどうか確定的ではなく，その現実性の度合いの低さを表すために，それを表す that 節の中では一種の仮定法が使われます(これは古い英語や他のヨーロッパ言語では接続法と呼ばれるものです

が，結果的に現代英語の仮定法に引き継がれています）。その際，アメリカ英語では仮定法現在（p.69参照）といって動詞の原形が使われ，イギリス英語ではshall の仮定法過去である should が使われるのです。

　　アメリカ英語 ─────── 仮定法現在（動詞の原形）

　　　　We demanded that he be here.

　　　　「私たちは彼がここにいることを要求した。」

　　　　▶ 動詞の原形なのだから文の動詞が過去形になっても当然時制の一致はしない。

　　イギリス英語 ─────── should

　　　　We demanded that he should be here.

　　　　「私たちは彼がここにいることを要求した。」

　この仮定法現在の動詞の原形が should の省略と勘違いされ，従来からそう教えられることが多かったのですが，それは間違いです。なぜならアメリカ英語のほうがイギリス英語よりも古いのですから。動詞の原形の使用のほうが should の使用よりも古いのに，前者が後者の省略であるはずがありません。こんなことを書くと，「そんなバナナ。アメリカのほうが新しい国やねんから，アメリカ英語のほうが新しいに決まってるやんけ！」という声が聞こえてきそうですが，アメリカ英語のほうが古いのです。

　あらゆる言語は時代とともに変化していきます。英語も例外ではありません。しかし言語はよその土地に移入されると変化がほぼ止まってしまうのです。英語は17世紀にイギリスからアメリカに移民たちによって持ちこまれました。そのときに本来その後起こるはずだった変化がほぼ止まってしまったのです。その結果，現代のアメリカ英語には17世紀のイギリス英語の特徴が色濃く残っているのです。アメリカ英語特有の発音も，実は昔のイギリス英語の発音だったのです。一方イギリスでは英語はそのまま変化し続けました。その結果，イギリス英語よりもアメリカ英語のほうが古いという逆転現象が起こってしまったのです。僕の得意なスペイン語も同じです。スペイン語もはるか昔の大航海時代（15世紀半ばから17世紀半ば）にヨーロッパから新大陸に持ち込まれました。その結果，現在の中南米のスペイン語にはスペインではとうに使われなくなった中世の特徴が残っているのです。ちなみに移入された先で変化が止まってしまうという現象は，言語以外のさまざまな文化の側面にもあてはまることだと僕は考えているのですが，それはここでは関係のないことですね。

　should の省略説のもうひとつおかしな点は，一般に助動詞は最も省略されに

くい品詞のひとつだということです。Yes, we can. という文を見てもわかる通り, 助動詞は省略されずに残るのがふつうです。助動詞は動詞に特別な意味を添えるもので, それなくしてはその意味は表現されなくなるからです。「助動詞が省略されることもあるんだ」という間違った印象を生徒に与えてしまうという点からも, should の省略と教えることは罪深いですね。

テーマ6 感情・主観的判断の should

命令・提案・要求・決定の内容を表す that 節内で使われる should と紛らわしいのが, いわゆる**感情・主観的判断**の should です。that 節の内容に感情的な反応をしたり, 主観的判断を加えたりするときに使われます。

It is surprising that she should think so.

「彼女がそう考えるとは驚きだ。」

これもやはり一種の仮定法で, that 節の内容をすぐに現実だとは認めずにそれを現実からいったん遊離させて頭の中のまな板にのせるようなイメージです。そのまな板にのったものに対して感情的な反応をしたり, 主観的な判断を加えたりするのです。that 節の内容の現実性が高いと話者がみなしている場合には, should を使わずに直説法現在形にすることもよくあります。しかし現実性の高低はあくまでも理論上のことで, should はどちらかと言えばイギリス人が好み, 直説法現在形はアメリカ人が好んで使うようです。

It is surprising that she thinks so.

「彼女がそう考えるとは驚きだ。」

これは命令・提案・要求・決定の内容を表す that 節内に使われる should とは違うので, 仮定法現在(動詞の原形)が使われることはありません。しかし次のような例はどちらともとれるので, 発言の状況やニュアンスの違いはあれ, 要求を表していると考えて動詞の原形を使うこともできます。

It is important that he should come here.（should を使用）

「彼がここに来ることが重要だ。」

▶ 命令・提案・要求・決定の内容を表す that 節内に使われる should とも感情・主観的判断の should ともとれる。

It is important that he comes here.（直説法現在）

「彼がここに来ることが重要だ。」

▶ 彼がすでにここに来る習慣を持っているなど, ここに来たことがある場合に主に使わ

れる。

It is important that he come here.（仮定法現在（動詞の原形））

「彼がここに来ることが重要だ。」

▶ 彼がまだここに来たことがない場合に主に使われる。

テーマ7 so の本当の意味

さっそくですが，次の問題を解いてみてください。

> **問題**　次の文の空欄にあてはまるものを 1. 2. の 2 つから選びなさい。
>
> This river is not so wide that you （　　　）swim across it.
>
> 　　1. can　　2. cannot

　この問題を予備校に入学したばかりの生徒に解かせると，多くの人が1. の can を選んでしまいます。というのは大半の生徒は so 〜 that …を「とても〜なので …」と丸暗記しているので，この問題文も「この川はそんなに広くないので泳いで渡ることができる。」と解釈してしまうのです。しかしそれは間違いです。この問題の正解は 2. の cannot です。

　なぜなのか説明しましょう。

　so という単語は日常会話で「とても」とか「たいへん」という強調の意味で使われます。しかしそのもともとの意味は I think so.「私はそう思う。」に見られるように，「そのように」という意味です。つまり代名詞などと同じように何かを指しながら何かにかかる指示語としての役割を持つ副詞なのです。

　たとえば，I cannot eat so much.「そんなにたくさん食べられないよ。」と言うとき，確かに so は much を強調していますが，「そんなに」という訳にも表れているように目の前の料理などの何かを指示しています。so 〜 that …も同じです。

　He is so tall that he can touch the ceiling.

　「彼はたいへん背が高いので天井を触ることができる。」

　この文の主節 He is so tall は実は「彼はそんなに背が高い」と言っているのです。「そんなに」と言う場合，彼の背の高さを示すことがこの文の前に出ていればそれを指すことができるのですが，出ていない場合には聞き手は「どんなに？」となりますよね。聞き手は話し手が so の指示することを今から言ってくれると期待します。その期待に答えるのが that 節です。つまり結果的に so は後に続く that 節を指示していることになります。その指示関係を図示してみましょ

う。

He is so tall that he can touch the ceiling.

　so は that 節の内容を指示して，それを tall にかけるという，いわば仲介役として 2 つのものの橋渡しをしているのです。したがって so 〜 that …のもともとの意味は「…くらいに〜」ということになります。「とても〜なので…」という訳は，情報が提示される順番通りに前から訳していてニュアンスを正確に伝える場合が多く有意義なのですが，もともとの指示関係を表していないがためにその訳だけに頼ってしまうと，たとえば上の問題のような否定文などの場合に間違って解釈してしまうことになります。

① S V so 〜（形容詞か副詞）that … 「とても〜なので…」
「…くらいに〜」

　冒頭の問題を解説しましょう。

　主節の This river is not so wide は，so の「そのように」というもともとの意味を考慮して解釈すると，「この川はそんなに広くない」となります。「そんなに」は that 節の内容を指すのでしたね。図示すると以下のようになります。

This river is not / so wide that you (　　) swim across it.

　ここで not と so の間が大きく切れていることに注目してください。so 以下が「that 以下くらいに広い」という一つのかたまりをなしており，not と直接にはつながっていないことがわかります。「とても〜なので…」と解釈し，1. can を選んでしまった人はこの文が that の前後で大きく切れるととらえてしまって，not と so を結びつけてしまったのだと考えられますが，実はこの文を 2 つに分けるとすれば，その not と so の間なのです。「that 以下くらいに広い」という so 以下のかたまりの意味から，that 節の内容は川幅が広いことを示すものでなければならないことがわかります。つまり so 以下は「泳いで渡れないくらいに広い」という意味になるはずです。よって正解は 2. cannot です。

　ここでちなみに so と that がくっついた目的・結果構文の so that についても見てみましょう。

② S V so that S' can [may, will]「S' が〜するように…」（目的構文）
③ S V, so that S' V'「…その結果，S' が V' する」（結果構文）
　so that が目的を表したり，結果を表したりすることがありますが，この 2 つ

は実は同じです。目的と結果は実は論理的には同じもので，単にそれを見る視点が違うだけなのです。たとえば 1 + 1 = 2（1たす1は2）という単純な論理において，その足し算をするよりも前に視点がある場合，「2をつくるために1と1をたす」となります。これが「目的」です。一方，その足し算よりも後に視点がある場合，「1と1をたした。その結果，2ができた」となります。これが「結果」なのです。したがって，目的構文と結果構文は実は同じものです。確かに②のように，so that の前にカンマがなく，that 節の中に助動詞が使われていれば目的の意味になることが多く，③のようにカンマがあって助動詞が使われていなければ結果の意味になることが多いのは事実ですが，カタチはあくまでもヒントにすぎません。カンマがあるのに助動詞が使われることもありますし，カンマがないのに助動詞が使われない場合もあります。どんな場合にも両方の意味になる可能性があるということを覚えておいてください。so that が出てきたら，カンマや助動詞があろうとなかろうと，**絶対に「目的」として解釈しなければならない場合と，絶対に「結果」として解釈しなければならない場合と，どちらともとれる場合**の3種類の可能性が常に存在するのです。以上のことから，②と③が実は同じものだということがわかりましたね。

　ここで，この目的・結果構文の意味の成り立ちを考えてみましょう。so は「そのように」という意味で，何かを指しながら何かにかかる指示語としての役割を持つ副詞でした。そのかかる・かかられる関係を図示すると以下のようになります。

　　　S　　V　　so　　that 〜

つまり so は that 節の内容を指して，V にかかる副詞なのです。①の so 〜that …構文において，so が that 節の内容を指して〜（形容詞が副詞）にかかっているのと実は同じ構造なのです。副詞は動詞・形容詞・副詞にかかるのでしたね（p. 6 参照）。

　以上のことから，往々にして違うものとして扱われがちな①と②と③は実は同じものだということがわかります。

　たまに次のような文に出会うことがあります。

　　He so loves her that he will never leave her alone.

　「彼は彼女をものすごく愛しているので，決して彼女を一人にしたりはしない。」

これを一般化すると以下のようになります。

$$S \quad so \quad V \quad that \sim .$$

soがthat節の内容を指してVにかかっているわけですが，①と②と③が同じものだとわかったみなさんは，こんな変則的なものに出くわしてもひるむことはないでしょう。

soは「そのように」という意味で，何かを指しながら何かにかかる指示語としての役割を持つ副詞で，2つのものの橋渡しをしているということを心に銘記しておいてください。

倒置とは一般に語順を転倒させることと考えられていますが，狭義の意味ではSVの語順をVSにすることのみを言います。代表的なのは疑問文を作るときです。しかしここで扱う倒置は文中で，たとえばSVCがCVSとして現れたりする，一見理由が判然としない倒置です。それを理解するには情報の並べ方，つまり**情報構造**について知らなければなりません。

本書で扱ってきた文法はいわゆる**学校文法**です。これは俗称で，正式には一種の**規範文法**だと考えられます。規範文法とはその名の通り，言語運用に際して守らなければならないルールを表した文法です。それに対して情報構造を扱うのは**談話文法**です。談話文法とは，端的に言えば，情報の並べ方による意味の伝わり方の変化を扱う文法です。その談話文法において情報構造は次のように理解されています。

重要な情報は文中の後のほうに置かれる。

聞き手(読み手)が初めて得る情報には価値があります。これを**新情報**と言います。逆に聞き手(読み手)がすでに得ている情報にはあまり価値がありません。これを**旧情報**と言います。情報の重要度は必ずしも二項対立的にとらえられるものではありません。たとえば2つの新情報において一方が他方よりも重要性が高い場合には，それは文の後のほうに置かれ，もう一方は前のほうに置かれることになります。しかし一般に重要な情報は新情報である場合が多く，重要でない情報は旧情報である場合が多いと言えます。

文とは大文字で始まり，ピリオドなどで終わるものです。それに対して**文章**とは複数の文のつらなりです。俗な言い方で文のことを文章と言う場合もありますが，紛らわしいのでここでは文章とは「複数の文のつらなり」と定義しておきま

しょう。

さて，1つの文の中で重要な情報は後のほうに置かれます。その理由は，**重要な情報を文頭に置いても聞き手(読み手)は注意していないから**だと考えられます。聞き手(読み手)の注意が十分に高まったときに重要な情報を伝えたほうが相手に伝わりやすいに決まっていますよね。そのような伝え方の習慣が長い年月をかけて確立されることで情報構造が発達したのでしょう。重要な情報は新情報である場合が多く，重要でない情報は旧情報である場合が多いということから，文は一般に旧情報で始まって新情報で終わる傾向を持ちます。

たとえば殺人事件の捜査本部で刑事たちが会議中だとします。この場合，「犯人」という概念は当然その場の話題であり，刑事たちの頭の中では旧情報です。そう，**話題**は旧情報の典型なのです。そこにある刑事が目をギラギラさせながら遅れて飛び込んできて，「犯人は…ハァハァ…犯人は…」と言うなり，息が切れて言葉が続きません。刑事たちはその様子を見て，期待で色めき立っています。そしてやっと「犯人は…ハァハァ…第一発見者だ！」と言ったとします。これを聞いた会議中の刑事たちのあいだにどよめきが起こります。彼らにとっては，主語にあたる「犯人は」が話題で旧情報であることはいま述べた通りです。主語を表す英語の subject という言葉に「話題」という意味があるのは偶然ではありません。そして「第一発見者だ」は当然会議中の刑事たちにとっては新情報です。

このように一般に SVC や SVO などの文では，S は旧情報で，C や O は新情報です。しかしごくたまに S が新情報で C や O が旧情報の場合があります。その場合，S を後のほうに置かなければなりません。この場合に語順が変わるのです。

S　　V　　C　　→　　C　　V　　S
旧情報　　　新情報　　　旧情報　　　新情報

S　　V　　O　　→　　O　　S　　V
旧情報　　　新情報　　　旧情報　　新情報

SVC で S が新情報で C が旧情報のときは，C が前に出て CVS と SV の倒置が起きるのですが，SVO の場合は OSV となって SV の倒置が起きません。これは SVC の場合は S=C なので，CVS にしたときに C を S と勘違いされたとしても問題ないからです。

He is <u>my teacher</u>.　　→　　<u>My teacher</u> is he.
S　V　　C　　　　　　　　C　　　V　S
「彼は私の先生です。」　　「私の先生は彼です。」

181

My teacher is he. において，My teacher を C と思おうが S と思おうが意味が大きく変わることはありません。しかし SVO の場合は S≠O なので事情がまったく違います。OVS にすると O が S と取り違えられて，まったく違う意味になってしまう可能性があるのです。

My teacher likes John Lennon.　　→　　John Lennon likes my teacher.
　 S　　　V　　　O　　　　　　 S　　 V　　　 O

「私の先生はジョン・レノンが好きだ。」「ジョン・レノンは私の先生が好きだ。」

OVS のつもりで John Lennon likes my teacher. と書くと，たとえ文脈の中でのことだとしても，SVO ととられる可能性が高くなります。したがって SVO の構文で S や V，あるいは SV が新情報で O が旧情報のときは OSV と書くのです。

My teacher likes John Lennon.　　→　　John Lennon my teacher likes.
　 S　　　V　　　O　　　　　　 O　　 S　　　 V

「私の先生はジョン・レノンが好きだ。」「ジョン・レノンを私の先生は好きだ。」

　このように倒置や語順転倒は旧情報を文の前のほうに置いて，新情報を聞き手（読み手）の注意が高まっている文の後のほうに置いて強調するために起こる場合が多いのです。確かに強調のために言葉を文頭に置くこともあります。否定語が文頭に来る場合はそれを強調するため（p.153参照）ですし，緊急事態などにできるだけ早く伝えるべき情報を強調のために文頭に置くことはよくあることです。

　Water, water, give me water!

　「水，水，水をください。」

　しかし文章中での文の倒置や語順転倒の多くが，新情報を強調するためにそれを文中の後のほうに置くことで生じることは覚えておいてください。

　文は一般に旧情報から始まって新情報で終わり，前の文の新情報は後の文ではすでに旧情報になっているので文頭に置かれることが多くなります。情報構造に理想的な文のつらなりを示すと以下のようになります。

第1文　イコール　第2文　イコール　第3文
　A　は B 。　　B は C 。　　 C は D 。
旧情報　新情報　　旧情報　新情報　　旧情報　新情報

　このような情報の流れに沿った文章は実に読みやすい文章だと言えます。しかし現実の文章は，こんなにわかりやすい形で進行するとはかぎりません。なぜなら情報構造は絶対に守らなければならないルールではなく，ゆるい傾向に過ぎないからです。英文読解では情報構造を過度に意識しすぎると，はぐらかされるこ

とがあります。しかし長い英文を書く場合は知っていて損はないものです。英文を書くのは自分なのだから，情報構造に理想的な流れを作ろうと思えばいくらでも作れるからです。情報構造がわが国の英語教育に初めて導入されたのは，おそらく理工系論文の書き方の手引き書でした。それがわかりやすい文章を書く上できわめて有益だからです。

　情報構造は人間が言語を使い始めた太古の昔から存在する，あらゆる言語に共通の現象です。たとえば言語学の世界では，日本語の談話文法の研究は盛んに行われていますし，情報構造など勉強しなくとも日本人はみな日頃から無意識に情報構造を使って日本語を話しています。そう，あらゆる人間は小さな頃にすでに母語を獲得する過程で情報構造を無意識のうちに身につけているのです。しかし情報構造を意識的に勉強すれば，倒置のようなある種の言語現象を理解しやすくなるのは事実です。情報構造を規範文法とは異なる仕方で言語を見つめるためのひとつの視点としてみなさんの頭の中にとどめておいてください。

テーマ9　理由を表す接続詞 because, as, since はどう違う？

　p.69で理由を表す接続詞として because, as, since をあげました。その３つの違いは，**一般に because 節で表される理由は新情報であるのに対して，since 節と as 節で表される理由は旧情報である**ということです。その結果, because 節は主節の後に置かれることが多く, since 節と as 節は主節の前に置かれることが多くなります。

　I can't buy this dictionary because I don't have enough money with me.
　「僕は持ち合わせが足りないので，この辞書を買えない。」
　　▶「持ち合わせが足りない」ことは，ここでは聞き手にとって未知の情報，すなわち新情報なので，理由を表す従属節には because が使われ，それが文末に置かれている。

　As the weather was getting better, Tom and his wife decided to go to the beach.
　「天気がよくなりつつあったので，トムと彼の奥さんは海に行くことに決めた。」
　　▶「天気がよくなりつつあった」ことは，ここでは聞き手にとって既知の情報，すなわち旧情報なので，理由を表す従属節には as が使われ，それが文頭に置かれている。

Since he has a shaved head, he is often mistaken for a Buddhist priest.
「彼は坊主頭をしているので，よくお坊さんと間違われる。」
▶「坊主頭をしている」ことは，ここでは聞き手にとって既知の情報，すなわち旧情報なので，理由を表す従属節には since が使われ，それが文頭に置かれている。

では since と as はどう違うのでしょうか？　理由を表す since は話し言葉でも書き言葉でも使われますが，理由を表す as は特別な場合を除いて話し言葉ではほとんど使われません。

テーマ10 it 分裂文と wh 分裂文

p.145で it is ～ that を使わない分裂文もあるということを述べました。それが **wh 分裂文**です。ちなみに wh 分裂文は疑似分裂文とも呼ばれていますが，れっきとした分裂文なので，ここでは wh 分裂文という名称を使います。それでは例をあげて解説しましょう。

I like fish.
「私は魚が好きです。」
この文を wh 分裂文で表すと次のようになります。
① What I like is fish.
「私が好きなものは魚です。」
ちなみに，上の文を it 分裂文で表すと次のようになります。
② It is fish that I like.
「私が好きなのは魚です。」
この2つの文を情報構造の点から比較してみましょう。

まず it 分裂文について理解しておいてほしいのは，その情報の並べ方は実は複雑で，文脈によってさまざまだということです。ここではそれを単純化して，おおまかに3つに分けてみましょう。

（i）it is と that の間に新情報が来て，that の後に旧情報が来る場合
　　A：You like vegetables, right?
　　B：No, it is fish that I like.
　　A「君が好きなのは野菜だよね。」
　　B「違うよ。僕が好きなのは魚だ。」

(ⅱ) it is と that の間に旧情報が来て，that の後に新情報が来る場合

It is he that will go around the world.

「彼は世界一周旅行をするよ。」

(ⅲ) it is と that の間にそれ自体は旧情報だが，that の後の情報があてはまるものという意味で新情報となるものが来る場合

It was this restaurant that he was talking about yesterday.

「彼が昨日話していたのはこのレストランだ。」

(ⅰ)は例文のように対比の構造を伴うことが多いです。

(ⅱ)の場合，it is と that の間にあるものは単なる旧情報で，とくに強調されているわけではありません。この手の it 分裂文は，事例は少ないですが，存在します。it 分裂文は俗称として「強調構文」と呼ばれていますが，このように強調されない場合もあるので，意味に基づいてつけられたその名前はやや不正確です。それに対して，「it 分裂文」という名称は形式に基づいているので一切例外なく正しい名称だと言えます。

(ⅲ)は(ⅰ)と(ⅱ)の中間のようなものですが，it 分裂文の多くはこれです。旧情報が that の後の内容があてはまるという点で新情報として扱われ，強調されているのです。

さて，②の文の類型は文脈にもよるのですが，ここでは fish を新情報とし，(ⅰ)の事例として扱いましょう。すると旧情報（I like）が文末に来ていることから，この文は情報構造に逆行していることがわかります。

なぜこんなことが起こるのでしょうか。

実はこの文の成り立ちは情報構造にマッチしているのです。It is fish の部分がこの文の本体で，ここでは fish を強調するためにそれを末尾に置き，その他の情報は取り去られています。そして that の後はその取り去った情報を入れるためのいわばゴミ箱です。こうすることによって It is fish という，ムダなものを取り去った先鋭化した強調構文を作り上げたのですが，不必要な旧情報（I like）を文末に置いたがために結果的に情報構造に反することになってしまいました。口頭で話すときには that 以下を小さな声で言うなど工夫はできるのですが，文字で書かれると同じ強さで迫ってきます。これは情報構造的には非常にわかりにくい文ということになります。

それに対して①の wh 分裂文では旧情報（I like）と新情報（fish）との間に is が置かれて，これが一種のタメの役割を果たし，新情報（fish）がより後ろに置か

れ，情報構造がさらに先鋭化する効果が生み出されています。

　このように，it 分裂文が情報構造に反しがちなのに対し，wh 分裂文は情報構造をより先鋭化します。

　幼い子どもに it 分裂文と wh 分裂文を聞かせる実験をしたところ，wh 分裂文はすんなり理解できたのに it 分裂文はなかなか理解できなかったそうです。一人ひとりの子どもが無意識に身につけている情報構造と，it 分裂文の情報の並べ方が矛盾しているからでしょう。wh 分裂文が会話で頻繁に使われるのに対して，it 分裂文が会話ではほとんど使われないのもこれが理由です。

おわりに

　本書は代々木ゼミナールにおける僕のオリジナル単科 System of English〈理解し考える英語〉の，とくに１学期の内容の一部をふくらませたものです。

　System of English〈理解し考える英語〉は英文読解や英作文の力を鍛えるための講座であって，文法についてここまでくわしいことはできませんが，毎年，１学期のとくに前半を中心に読み書きのための英文法を教えています。

　僕の授業のモットーは**勉強は遊びだ！**です。「遊び」と言ってもおもしろおかしくふざけてやろうということではなく，「好きこそものの上手なれ」と言われるように，何事も本当に好きでのめり込んでやっているときにいちばん伸びるから，勉強が大好きになるように自分を仕向けようということです。

　本書を手に取られたみなさんの大半は大学進学を目指していることと思います。ということは将来何らかの形で知的な職業につくことになるはずです。そこで自己実現するには一生勉強がついて回ります。もし勉強がきらいだったら，そんな生活は苦しみの連続でしかありません。逆に勉強が好きになれば，その後に明るい楽しい人生が続くはずです。

　勉強が遊びになれば，それにまさる宝物はありません。

　勉強を遊びにするために大切なことが２つあります。その１つ目は，**何事も理解する**ということです。「なぜなぜ？なに？」の精神で，なんでも調べ，考え，理解していきましょう。理解することによって世界がつかめます。世界がつかめたら自分に自信が持て，勉強が好きになります。英語の勉強の出発点は文法学習ですが，その理解のよすがとして本書がお役に立てたなら，それは著者としてこの上ない喜びです。

　勉強を遊びにするための２つ目の大切なことは，**自分で答えを出す**ということです。人生は宝探しです。何かを探しているときに人は生きていることを実感する生き物なのです。だから英文読解や英作文の勉強では予習など，自分で問題を解くことが大切になります。文法の勉強においては復習で理解して覚えることが重要になりますが，文法学習は必要不可欠とはいえ英語そのものではなく，英語の勉強のための準備にすぎません。英語はサッカーなどと同じひとつの技能です。文法学習はサッカーで言えば，ルールを覚えたり，ボールの蹴り方を習うことです。それはもちろん初めにしなければならない重要なことですが，実際に自

分でサッカーボールを蹴らなければサッカーがうまくならないのと同じように，英語を読んだり書いたりしなければ，英語ができるようにはならないのです。本当の英語の勉強は英文読解や英作文などの実践です。本書を読み終えたみなさんは，これから，この本とそして辞書を片手に英文を読んだり書いたりする実践の世界に飛び込んでいってください。

　毎年代々木ゼミナールでの年度の初めの僕の仕事は，すべての生徒たちが勉強大好き人間になるように仕向けることです。本書では文法の理解を通してみなさんが勉強大好き人間になれるように仕向けてきたつもりです。

　僕のオリジナル単科の参加者は，もちろん受験生や高校生が中心ですが，今年度はうちの中学3年生の末っ子も参加して文法のピラミッドを身につけていますし，たまに英語を学び直したいという大人の方が参加することもあります（過去には70歳くらいの方が参加していたこともありました）。したがって本書も，高校生や受験生だけでなく，勉強を深めたい中学生から，さらには英語を学び直したい大人まで，広く利用していただけたらと思っています。中学校や高等学校，さらには塾や予備校の，とくに若手の英語指導者の方々にも参考にしていただけるのではないかとも思います。

　「実存は本質に先立つ」と言われるように，人がこの世界に生まれ落ちたことそれ自体には本来，意味はないのかもしれません。僕たちはただ世界の中に投げ出されただけです。赤ちゃんの状態で世界の中に産み落とされ，ただ怖くて世界を知ろうと，泣きわめきながらも全感覚をそばだてて周囲の情報をつかみ，安心できるものを見つけてそれにつつまれて自信をつけ，今度は好奇心からさらに世界を探求する。これを繰り返しながら，探求する世界を少しずつ広げていくことが成長であり，そこで意識的に行われていることが勉強です。このように勉強には**生きるためにしなければならないこと**という意味と**好奇心に導かれて遊びとしてすること**という2つの意味が不可分に混在していることがわかります。そして後者の遊びとしての勉強を追求することがそのまま，前者の生きるための勉強になるのです。

　みなさんが本書を通して勉強の楽しみに少しでも気づいたのなら，それを他の分野や科目にぜひ広げていってください。それこそが正真正銘の生きる力です。その過程の中で**世界は何も怖くないんだ，自分は勉強を続けることで世界と対等に渡り合っていけるんだ**ということに気づくはずです。現代社会にはいろいろな

意味で生きづらさを抱えた人が多いと言われますが，遊びとしての勉強はそんな人たちにとっても，生きる意味を見つけて前を向くための原動力になります。そんな人たちにとって，勉強はひとつの救いになると言ってもよいかもしれません。この本を読み終えた人は自分の勉強の力にプライドを持って前を向いて歩き出せるはずです。

　本書を書き上げるにあたって代々木ライブラリーのスタッフのみなさんにはたいへんお世話になりました。心から感謝しております。ありがとうございました。
　本書を通して英文法を身につけ，それをもとに英文読解や英作文，さらにはリスニングやスピーキングの力も身につけて，みなさんが水平線の向こうに広がる美しくも刺激に満ちた大きな世界に飛び出していくことを願ってやみません。

本書をお読みいただいたみなさんの無限の未来に乾杯！
ともに生きよう。

2021年　春
著者

◆著者プロフィール

妹尾真則（Senoo Masanori）
　代々木ゼミナール英語講師。京都大学文学部哲学科卒。専門はドイツ現代哲学。３年間の世界放浪の後，大学院で２年間学ぶ。得意分野は語学。英語の他にフランス語，ドイツ語，そしてとくにスペイン語を得意とし，テレビ，ラジオなどでの通訳経験あり。代々木ゼミナールでは，オリジナル単科『System of English〈理解し考える英語〉』担当のほか，『京大英語』，『名大英語』，京大入試プレなど毎年幾多のテキスト・模試を作成。サテラインゼミでは『京大英語』，『名大英語』を担当し，全国に配信される。例年入試時期に行われる解答速報でも中心的に活躍。また，東大や京大や名大などの入試研究会や代ゼミ教育総合研究所を通した教員セミナーなどでも好評を博している。『全国大学入試問題正解』（旺文社）執筆者。受験テクニックを一切排した本格的な学力養成に主眼を置いた教育を，予備校の生徒だけでなく，自らの子どもに対しても実践している。家族や友人や生徒たちからは，「どーどーちゃん」と呼ばれ親しまれている。４人の子の父。

ピラミッド英文法
〜理解を積み重ねて英文法を身につける〜

著　　　者	妹尾真則	
発 行 者	髙宮英郎	
発 行 所	株式会社日本入試センター	
	〒151-0053　東京都渋谷区代々木1-27-1	
	代々木ライブラリー	
本 文 組 版	株式会社 Sun Fuerza	
印刷・製本	上毛印刷株式会社　Ⓟ2	

●この書籍の編集内容および落丁・乱丁についてのお問い合わせは下記までお願いいたします
〒151-0053　東京都渋谷区代々木1-38-9
☎ 03-3370-7409（平日 9:00〜17:00）
代々木ライブラリー営業部
無断複製を禁ず　ISBN978-4-86346-781-1　　　　　Printed in Japan

[代々木ゼミナール]

ピラミッド 英文法

理解を積み重ねて
英文法を身につける

Exercise
解答・解説

妹尾真則

代々木ライブラリー

Exercise 解答・解説

CONTENTS

Exercise 1 ▶▶▶

(1) **副詞**

「この前の日曜日」。これは文の動詞である saw にかかっています。

(2) **形容詞**

「自宅の前の」。これは直前の the street にかかっています。

(3) **形容詞**

some は冠詞相当語，つまり a や the に相当するものです。冠詞は名詞につくものであり，広い意味での形容詞になります。

(4) **副詞**

「大声で歌をうたいながら」。文の動詞にあたる was wearing にかかる，いわゆる分詞構文です(本冊 p.48参照)。下の全訳では前から訳しおろし，「〜歌を大声でうたっていた」としました。

(5) **形容詞**

「聞いたこともない」。a song にかかる関係節(本冊 Chapter 9 参照)です。

(6) **副詞**

「雨の降る気配など全然なく」。直前の was にかかっています。

(7) **副詞**

「私とすれ違いざま」。文の動詞である stopped … smiled … said にかかっています。

(8) **形容詞**

「幸せな」。felt の C です。

●全訳

　この前の日曜日，自宅の前の通りを歩いていたとき，とても奇妙な男を見た。彼は色鮮やかな着物を着ていて，聞いたこともない歌を大声でうたっていた。雨の降る気配など全然なく完璧に晴れていたのに，彼は伝統的な和傘を持っていた。彼は私の方に向かって歩いてきていた。彼は私とすれ違いざ

ま，立ち止まって，私にニコッと笑いかけて，「頭にトンボがとまっているよ。」と言った。突然，1匹のトンボが私の頭から飛んでいった。それは本当に美しかった。そのときなぜだかわからないが，私は幸せな気分になった。彼は再びニコッと笑い，歩き去っていった。

Exercise 2 ▶▶▶

(1) **第1文型**

訳「私たちの先生のブライアンは，アフリカに何度も行ったことのあるお母さんについて話してくれた。」

Our teacher, Brian, talked about his mother, who had traveled to Africa
　　　　　S　　　　　　　V　　　　　　　　　　M

many times.

talked about を V，his mother 以下を O ととって，第3文型としてもよいです。

(2) **第5文型**

訳「海峡をこの小さなボートで渡るのは難しいと思った。」

I found it difficult to cross the channel in this small boat.
S　V　仮O　C　　　　　　　真O

it は仮Oで to 以下の真Oを指しています。find O C は「O を C だと思う」。

(3) **第3文型**

訳「何が起ころうと，私は注文したものをすべて食べたかった。」

I wanted to eat everything that I ordered no matter what happened.
S　　V　　　　　　　O　　　　　　　　　M

wanted to eat を V，everything that I ordered を O としてもよいです。

(4) **第4文型**

訳「彼女は私に私と結婚したいと言った。」

She told me that she wanted to marry me.
S　V　O₁　　　　O₂

(5) **第3文型**

訳「たとえ彼が今ここに来ることを拒絶したとしても，いつの日か私のところを訪れなければならないだろう。」

Even if he refuses to come here now, he will have to visit me some day.
         M   S   V   O   M

have to は「〜しなければならない」という意味です。will have to visit 全体を 1 つの動詞としてとらえています。

Chapter 2　さまざまな動詞

Exercise 3 ▶▶▶

(1)　**grows**

訳「君は暗くなる前に駅に着かなければならない。」

grow C「C になる」。C は形容詞です。come も形容詞とともに「C になる」となることはありますが，come dark とは言いません。come true「実現する」以外には，come loose「ゆるむ」や come undone「ほどける」など。このように，単語の使用には特定の単語との慣用的なつながり（**コロケーション**）があるので，become のように後にほぼ何でも続けることのできる単語は別として，特定の単語としか結びつかないような単語は，come true「実現する」や run short「不足する」のようにセットで覚えたほうがよいでしょう。

(2)　**bad**

訳「彼女が一週間前に買った牛肉は腐った。」

go bad「腐る」。

(3)　**of**

訳「彼は家族に彼が会社で昇進したことを知らせた。」

inform O of 〜「O に〜のことを知らせる」。

(4)　**to**

訳「彼らは勝者に賞品を贈った。」

present O to 〜「O を〜に贈呈する」。

(5)　**×**

訳「僕と結婚してくれませんか。」

marry O「O と結婚する」。

(6) **good**

訳「君のサンドウィッチは本当においしい。」

taste C「C の味がする」。C は形容詞です。

(7) **were**

訳「彼らの子どもたちが校舎の中にいることを私は知らなかった。」

their children were inside the school building が know の目的語の役割をしています。were は did not know と時制が一致して過去形になっています。

(8) **from**

訳「彼ががんこなため，私たちは彼を助けることができなかった。」

keep O from ～ing「O が～するのをさまたげる」。

(9) **feels**

訳「あなたのマッサージは気持ちがいい。」

feel C「C の感じがする」。C は形容詞です。

(10) **for**

訳「私たちは貴社に信頼できる情報を提供できます。」

provide O for ～「O を～に提供する」。

Exercise 4 ▶▶▶

(1) **crying**

leave O C「O を C のままにしておく」。C に現在分詞（本冊 p.48参照）が来ている。

(2) **called**

hear O pp「O が～されるのを聞く」。

(3) **for**

save O for ～「O を～のためにとっておく」。

(4) **expect**

expect O to ～「O が～すると思う」。

(5) **encouraged**

encourage O to ～「O を～するように励ます」。

(6) **playing**

see O ～ing「O が～しているのを見る」。

(7) **made**

make O 原形「O に（むりやり）～させる」。この文は why did you do that? を what を主語にして言いかえたものです。

(8) **let**

let O 原形「O に～させてあげる」。

Chapter 4 準動詞1 ～不定詞～

Exercise 5 ▶▶▶

(1) (**g**) (2) (**f**) (3) (**j**) (4) (**e**) (5) (**i**)

(1) 感情の原因を表す副詞的用法。

訳「私はそれを聞いて本当にうれしい。」

(2) 目的を表す副詞的用法。

訳「彼は遅刻しないようにいつも目覚まし時計を合わせる。」

(3) 判断の根拠を表す副詞的用法。

訳「10歳の息子に車を運転させるなんて，彼はどうかしているにちがいない。」

(4) 名詞的用法で形式主語構文の真主語。

訳「時間がないときにこの数学の問題を解くのは難しい。」

(5) OV 関係の形容詞的用法。

訳「パットは彼を待っているとき，読むものを何も持っていなかった。」

(a) SV 関係の形容詞的用法。

訳「私のかわりにそれをやってくれる人を誰か知っていますか。」

(b)　この to 不定詞は形容詞 sure にかかっているのですから，本来，「形容詞限定」の一種とみなすべきものですが，「形容詞限定」と言ってしまうと，本冊で分類したコンブの構造を持つ「形容詞限定」と紛らわしいので，形容詞 sure の語法として独立して覚えておくことにしましょう。be sure to ～「きっと～するだろう」。

　　言語は必ずしも論理的なものではありません。言語は**論理と理不尽な慣用**でできています。それをできるかぎり体系的に理解しようとする場合，このような破れ目ともいうべきものが出てくるのは仕方のないことです。

訳「彼はきっと試合に勝つだろう。」

(c)　名詞的用法で O 。

訳「私は晩ご飯の前にお風呂に入りたい。」

(d)　条件を表す副詞的用法。

訳「私の娘に会ったら，君は私の言うことがわかるだろう。」

(e)　名詞的用法で S 。the last 名詞 to ～［関係節］「決して～しない」（本冊 p.157参照）。

訳「釣りには彼は決して行かないだろう。」

(f)　目的を表す副詞的用法。

訳「私は入試に合格するために一生懸命勉強するつもりだ。」

(g)　感情の原因を表す副詞的用法。

訳「残念ながら，お申し出はお受けできません。」

(h)　(b)と同じように，この to 不定詞は動詞 tell の語法の一部と考えましょう。tell O to ～「O に～するように言う」（本冊 p.34参照）。

訳「監督は私たちにもっと早く来るようにと言った。」

(i)　OV 関係の形容詞的用法。

訳「君が住むためのすばらしいアパートを見つけたよ。」

(j)　判断の根拠を表す副詞的用法。

訳「おばあさんに席をゆずるなんて，君はなんてよい子なんだ。」

Exercise 6 ▶▶▶

1文ずつ見ていきます。

《第1文》

He <u>was not</u> sure [what <u>would happen</u> to the church 〔standing across the
S　　V　　　C　　S'　　　V'

street 〕].

「通りの向こうにある教会がどうなるのか，彼にははっきりとはわからなかった。」

SVC の第2文型です。be sure「確信している」。sure の後に of などの前置詞が省略されていると考えられます。what happens to 〜「〜はどうなるのか」。ここではこれからのことを言っているので未来の意味で，will が時制の一致によって would になっています。standing across the street は church に後ろからかかる形容詞的用法の現在分詞句です。across 〜「〜の向こう側に」。

《第2文》

<u>The guys</u> were already there, <u>all of them</u> <u>carrying huge bags.</u>
　　S　　　V　　　　　　　　　　意味上のS　　　　分詞構文

「男たちはすでにそこにいて，みな巨大な袋をかかえていた。」

SV の第1文型です。guy「男」。カンマ以下は独立分詞構文。all of them が意味上の主語にあたるものです。**文末など SV の後に来る分詞構文は，大部分「…そして〜」の意味になります。**その場合，本冊の p.50で示した意味の類型では⑤付帯状況と⑥継起の2つの場合があるのですが，ここでは時間的に同時のことを表しており，⑤付帯状況になっています。

《第3文》

He wondered [what they had in their bags,] but he was so scared that he
　S　　　V　　　O　　O'　　S'　　V'　　　　　　　　S　V　　C　　　　S'

did not do anything, just looking out the window.
　V'　　　　O'　　　　　　　　分詞構文

「彼は袋の中には何が入っているのだろうと思ったが，あまりにも恐ろしかっ
たので何もせず，ただ窓から外を見ていた。」

全体は but の前後で2つの部分にわかれます。

前半部は SVO の第3文型です。wonder 〜「〜だろうかと思う」。what they
had in their bags が間接疑問文となって，wondered の O の役割をしています。
they は前文の The guys を指しています。

後半部は SVC の第2文型で，so 〜 that …「たいへん〜なので…」の，いわゆ
る so that 構文になっています。scare 〜「〜を怖がらせる」。just looking out
the window は did not do にかかる分詞構文。ここでも付帯状況の意味になって
います。just は「ただ〜だけ」の意味。out 〜は「〜から外へ」という通過地点
を表す名詞につく前置詞です。

したがって，解答は以下のようになります。

●解答

> 　通りの向こうにある教会がどうなるのか，彼にははっきりとはわからな
> かった。男たちはすでにそこにいて，みな巨大な袋をかかえていた。彼は袋
> の中には何が入っているのだろうと思ったが，あまりにも恐ろしかったので
> 何もせず，ただ窓から外を見ていた。

Chapter 6 準動詞3 〜動名詞〜

Exercise 7 ▶▶▶

(1) **He insists on her being innocent.**

訳 「彼は彼女が無実であることを主張する。」

insist that SV「SVと主張する」は insist on 〜ing に書きかえられます。

that 節内の主語が文の主語と違う場合は動名詞の意味上の主語は直前に明示しなければなりません。その際人称代名詞の場合は所有格か目的格になります。

(2) **I am sure of his [him] coming tomorrow.**

訳「私は彼が明日来ることを確信している。」

be sure that SV「SV と確信している」は be sure of ~ing に書きかえられます。ここでも that 節内の主語が文の主語と違う場合は明示しなければなりません。

(3) **On arriving here, he called his wife.**

訳「ここに到着したとたん，彼は奥さんに電話した。」

as soon as SV「~するとすぐ」は on ~ing に書きかえられます。

Chapter 7 準動詞のまとめ

Exercise 8 ▶▶▶

(1) **I do not know what to do.**

to 不定詞の名詞的用法である［疑問詞 + to 不定詞］を使って書きます（本冊 p.40参照）。what to do「何をすべきか」。

(2) **The person drinking coffee over there is my father.**

drinking coffee over there が現在分詞の形容詞的用法で，person に後ろからかかっています（本冊 p.48参照）。person はそれによって 1 人に特定されることになり，1 つに特定されるものを表す定冠詞の The がつきます（本冊 p.147参照）。

(3) **He is not old enough to travel alone.**

… enough to ~「~するのに十分…」を使います（本冊 p.43参照）。「一人で」は by himself としてもよいです。

(4) **He tried climbing that tree.**

try ~ing「ためしに~してみる」を使います（本冊 p.59参照）。

(5) **I have nothing to talk to you about.**

to talk to you about が OV 関係の to 不定詞の形容詞的用法で，nothing に後ろからかかっています（本冊 p.41参照）。talk to（人）には，「（人）に話しかける」という意味もありますが，ここでは「（人）と話をする」という意味で使われています。talk with（人）を使ってもかまいません。文末の about は talk が自動詞なので OV 関係を作るためには不可欠です。

Chapter 8 節を作るもの 1 〜接続詞・疑問詞〜

Exercise 9 ▶▶▶

(1) **long**

as long as 〜 は，本来は long「長く」という副詞に as 〜 as …「…と同じくらい〜」（本冊 p.103参照）がついて，「〜と同じくらい長く」=「〜する間」という時間の意味を表すものでありましたが，そこから転じて，「〜するかぎり」と条件の意味も持つようになりました。

すなわち，

as long as 〜　① 〜と同じくらい長く，〜する間　（時間）
　　　　　　　　② 〜するかぎり　　　　　　　　（条件）(= so long as 〜)

また，距離を表す as far as 〜 も同じような変化をします。

as far as 〜　① 〜くらい遠く，〜まで　　　（距離）
　　　　　　　② 〜するかぎりでは　　　　　（範囲）(= so far as 〜)

両者とも，①の意味のときには，否定文以外では so 〜 as …にはなりません。本問では，時間の意味ととれますが，条件の意味ととってもかまいません。

(2) **Not, only [just, merely, simply], but, was**

not only A but also B「A だけでなく B も」。only のかわりに just, merely, simply も可。これが主語になった場合，動詞は B に合わせます（本冊 p.65参照）。本問では the teacher に合わせるので動詞は was。

(3) **Now, that**

now that ～「いまや～だから」（本冊 p.69参照）。

(4) **and**

命令文 , and ～「…しなさい。そうすれば，～」

命令文 , or ～「…しなさい。さもないと，～」

この 2 つが条件文のかわりに使われることが往々にしてあります。すなわち，前者が「もし…すれば，～」，後者が「もし…しなければ，～」の意味で使われるということです。本問では Just one step inside と名詞句になっていますが，実質的には命令文です。

(5) **or, has**

either A or B「A か B かのどちらか」が主語になった場合，動詞は B に合わせます（本冊 p.65参照）。本問では he に合わせるので，動詞は have to「～しなければならない」の have が変化して has になります。

Chapter 9 節を作るもの 2 〜関係詞〜

Exercise10 ▶▶▶

(1) **イ**

訳「奥さんが大好きな国を彼は訪れると私に言った。」

空欄以降を関係節にするためには，空欄に which を入れて，完全な文にしなければなりません。

which his wife was really fond of
    O   S   V

was really fond of ～「～が本当に好きであった」を 1 つの他動詞と考えることによって，関係節は SVO の第 3 文型になります。

(2) **ア**

訳「彼が言ったことが理解できましたか。」

「～こと」という名詞節を作る関係代名詞は what です。

(3) **ウ**

訳「そこが私とあなたの意見が一致しないところです。」

　　agree は that 節を O とするとき以外は，特別な場合を除いて，原則として第1文型の自動詞なので O をとりません。したがって名詞の役割をする関係代名詞の what, which, who は，ここでは使えません。

　　ここでは，先行詞が省略された関係副詞 where を使います。この場合の省略された先行詞は the point「点」です。

(4) **ウ**

訳「このようにして彼は彼女と出会った。」

　　he met her は SVO なので，空欄の中には S や O になるような名詞は入りません。したがって，ここも(3)と同じように名詞の役割をする関係代名詞の what, which, that ではなく，先行詞が省略された関係副詞の how が入ります。

(5) **イ**

訳「ここが彼が飼い犬といっしょにいた部屋ですか。」

　　in 以下が room にかかる関係節です。これを完全な文にするには，前置詞 in の目的語になる関係代名詞を空欄に入れなければなりません。しかし what は room にかかる形容詞節を作れないのでダメです。したがって，答えは which です。

Exercise 11 ▶▶▶

(1) **He is the person who taught me Chinese.**

　　問題の日本語文の中に英文の構造がそのまま現れています。

　　彼は（私に中国語を教えてくれた）人です。
　　S　　　　　　　　　　　　　C V

　　He is a person.「彼は人です。」の person に関係節が後ろからかかるというのが全体の構造です。日本語ではすべての修飾語（形容詞・副詞）が前からかかるのですが，英語では後ろからかかるものが多いのです。とくに2語以上の長い形容詞は原則として後ろからかかるのでしたね（本冊 p.6参照）。

　　中国語を教えてくれたのは特定の1人の人だと考えられるので，先行詞 person の a は the になります。a は意識の中で複数あるもの，the は意識の中で1つに決まるものにつきます。

関係節は person にかかるので，人を指す関係代名詞で，かつ関係節の中で主語の役割を果たす who を使います。なお，現代英語では「人」は person です。man は「男の人」という意味になります。ここでは「彼」だから man でも別に構わないのですが，より自然な英語は person です。

「〜に…を教える」は teach $O_1 O_2$ を使います。

(2) **I visited the country where he was born.**

私は(彼が生まれた)国を訪ねた。
S   O   V

I visited a country.「私はある国を訪れた。」の country に関係節が後ろからかかるというのが全体の構造です。

彼が生まれた国は当然1つなので，先行詞 country の a は the になります。関係節を完全な文にするためには「彼はそこで生まれた。」としなければなりません。したがって「そこで」にあたる関係副詞の where を使います。

(3) **I want [would like] to eat what he is eating.**

[彼が食べているものを]私も食べたい。
                        O   S   V

I want to eat 〜「私は〜を食べたい。」が骨格です。〜のところに「彼が食べているもの」が入ります。「〜もの」「〜こと」と名詞節を作る関係代名詞は what でした。

飲食店で店員さんに，「あのお客さんが食べているものを食べたいんだけど…」などと言うのは少しはしたない行いですが，ないわけではないですね。文字の読めないマイナー言語を使う国の，英語メニューも用意されていない小さなお店ではかなりよくあることです(僕もよくやりましたよ〜！)。そのような場合は I would like to 〜の方がよいでしょう。want に対して would like は丁寧語，英語の「ですます」調です。家族や友人に対しては want でよいのですが，店員さんなどには would like を使うのがふつうです。

「も」は状況からわかることなので，also や too などはとくに書かなくても結構です。

(4) **I have never read the book he was talking about.**

問題文を主語を補って英文の構造を反映した文に書きかえると，

私は（彼が話していた）本を読んだことがない。
 S　　　　　　　O　　V

となります。

「私は本を読んだことがない。」が文の骨格です。「〜したことがない」に現在完了形（本冊 p.92参照）を使うと，この文は，

I have never read a book.

となります。そして book に「彼が話していた」を関係節にして後ろからかけるのですが，それによって本は1つに限定されることになるので，the book となります。「〜について話す」は talk about 〜です。解答では book の後に関係代名詞の which か that が省略されています。which か that を補うと関係節の中は完全な文になります。

I have never read the book（which he was talking about）.
　　　　　　　　　　　　　　　　o'　　s'　　　v'

(5) **This is how he was involved [caught up] in that accident.**

「このようにして」は「これが〜のしかただ」と考えて，this is how 〜とできます。「〜に巻き込まれる」は be involved [caught up] in 〜。

Chapter 10 時制

Exercise12 ▶▶▶

(1) **Until 2011, Yuri and I had lived in the same town for ten years.**

「2011年まで」を時の基準とする継続の意味の過去完了です。

(2) **Have you (ever) been to Mexico?**

go to を使うと，行って戻ってきていないことになってしまいます。つまり go to は片道を表します。それに対して be to は往復を表します。「行ったことがある」は帰ってきたわけだから往復です。よってここでは be to を使います。ever は「時間全体を通して」という意味です。したがって，ever をつけ

ることによって「～したことがある」という経験の意味が際立ちます。ever
がなくても間違いではないのですが，つけたほうがいいでしょう。もしないと
「～したところだ」という完了の意味にとられかねません。「行ってきたところ
だ」も往復だからです。

　実際の英語では状況や文脈があるので，go to を「行ったことがある」に使
うことは多いですし，ever がつかないことも多いです。ここではあくまでもこ
の問題のような文脈のない 1 文だけの和文英訳の問題の解答について述べてい
ます。

(3) **When Mike came, I was taking a shower.**

　「マイクが来たとき」と「シャワーを浴びていた」ときは同時なので，どち
らも過去形にします。「浴びていた」は，そのときに進行中の動作なので進行
形にします。

(4) **Are you going to come（here）tomorrow?**

　【別解 1 】　Are you coming（here）tomorrow?

　【別解 2 】　Will you come（here）tomorrow?

　未来を表す表現を使います。

(5) **He will have been to France three times if he goes there next
month.**

　「来月フランスに行くと」を時の基準とする経験の意味の未来完了の文です。

(6) **It started to rain when I was（just）leaving the store.**

　「出ようとしていた」は近未来を表す表現です（本冊 p.91参照）。「出ようとし
ていた」ときと「雨が降り出した」ときとは同時なので，どちらも過去形にな
ります。just は「ちょうど」という意味です。

(7) **He has been polishing shoes since this morning.**

　ある時点からの動作の継続なので，現在完了進行形を使います。「ずっと」
はとくに明示的に訳さなくても，現在完了形と since ～で表現されています。

(8) **"Have you read this book yet?"**

　"No, not yet."

　「もう～しましたか」は現在完了で yet「もう」を使って表現します。「ま
だ」も現在完了で，not ～ yet「まだ～ない」を使って表現します。解答の not

yet は，I have not read this book yet から，前文に出ている重複部分を省略して，重要表現だけ残したものです。

(9) **He jogs every morning.**

動作動詞の習慣なので，現在時制の単純形で表します。

(10) **How long have you been here?**

現在完了の継続です。how long「どのくらい長く」。

Chapter 11 受動態

Exercise13 ▶▶▶

(1) **Egypt is being visited by him next year.**

問題の文を文の要素に分解しましょう。

<u>He</u> <u>is visiting</u> <u>Egypt</u> <u>next year</u>.
  S   V   O   M

「彼は来年エジプトを訪れる。」

これに第1段階の処置をほどこすと，

Egypt be visited by him next year.

となります。by him は next year の前に置きました。

次に第2段階の処置をほどこすと，be が is being になります。

よって答えは，

Egypt is being visited by him next year.

となります。

(2) **The woman was seen to get out of the room by the police officer.**

問題の文を文の要素に分解しましょう。

<u>The police officer</u> <u>saw</u> <u>the woman</u> <u>get out of the room</u>.
                S   V   O   C

「警官は女性が部屋を出るところを見た。」

これに第1段階の処置をほどこすと，Cの動詞の原形は to 不定詞になって，

The woman be seen to get out of the room by the police officer.

となります。

これに第2段階の処置をほどこすと，be は was になり，

The woman was seen to get out of the room by the police officer.

となります。

(3) **What will be eaten by them at the restaurant?**

問題の文を文の要素に分解しましょう。

<u>What</u> <u>will</u> <u>they</u> <u>eat</u> <u>at the restaurant</u>?
  O   V   S   V   M

「彼らはそのレストランで何を食べますか。」

V にあたるものは will eat です。

これに第1段階の処置をほどこすと，by them を at the restaurant の前に置いて，

What be eaten by them at the restaurant?

これに第2段階の処置をほどこすと，be は will be になり，

What will be eaten by them at the restaurant?

となります。

(4) **Raw fish has never been eaten by Maria before.**

問題の文を文の要素に分解しましょう。

<u>Maria</u> <u>has never eaten</u> <u>raw fish</u> <u>before</u>.
  S   V   O   M

「マリアは生の魚を食べたことがない。」

これに否定語である never をいったんはずして，第1段階の処置をほどこすと，by Maria を before の前において，

Raw fish be eaten by Maria before.

これに第2段階の処置をほどこすと，be は has been になり，never をもどすと has never been になります。

したがって答えは，

Raw fish has never been eaten by Maria before.

となります。

(5) **By whom is such an expensive car going to be bought?**
Who is such an expensive car going to be bought by?

問題の文を文の要素に分解しましょう。

Who is going to buy such an expensive car?
S   V   O

「そんなに高い車を誰が買うのだろう。」

第1段階の処置をほどこすと，is going to を助動詞と同じように扱って，

Such an expensive car be bought by whom?

となります。

これに第2段階の処置をほどこすと，be が is going to be となり，

Such an expensive car is going to be bought by whom?

となります。これに第3段階の処置として，SV を倒置して疑問詞を文頭に持っ
てくると，

By whom is such an expensive car going to be bought?

Who is such an expensive car going to be bought by?

となります。

Chapter **12** 比較

Exercise14 ▶▶▶

(1) **as [so], as**

　否定語 as [so] ～ as … 「…ほど～ない」。

(2) **much [far], larger, mine**

　much [far]「はるかに，ずっと」は比較級の強調に使われます。「僕の部
屋」は直前に My father's room があるので，「僕のもの」と考えて mine。

(3) **Nothing, as [so], as** あるいは **Nothing, more, than**

　否定語 as [so] ～ as …に加えて，否定語 比較級 than …も「…ほど～な
い」。

(4) **more, books, the**

　the 比較級 ～, the 比較級 … 「～すればするほど，…だ」。「多くの本を読め
ば読むほど」は The more you read でもよいが，ここでは（　　　）がもう

1つあるので The more books you read とします。

主節の V は will find，O は the more things，C は impossible to understand。find O C は「O を C だと思う［わかる，気づく］」と一般に訳されますが，find の認知的な意味はとくに強くなく，**S の目の前に O＝C という状況がある**と言っているにすぎない場合が多いです。したがって，**「(S にとって) O は C である」**という訳のほうがよく使われます。

(5) **no, less**

多さの強調は no less than ～「～も」。

Exercise15 ▶▶▶

●正解

宇宙から見れば，大陸がそこに暮らしている人間によって引かれた国境による分割を表すように色分けされていないのと同じように，自然は科学の学科領域の区分には従っていないのである。

1文ずつ見ていきます。

○第1文

It is true that science requires analysis and that it has fractured into microdisciplines.

It は形式主語で，後に続く2つの that 節を指しています。

1つ目の that 節では，科学は分析を必要とするということが述べられています。require ～「～を必要とする」。analysis「分析」とは，物事を細かく要素に分けていって解明することです。そもそも科学という思考形態は，自然界を分類することから始まりました。初期の科学は分類学だったと言っても過言ではありません。それがどんどん細かくなっていって，目に見えない原子や分子を扱うようになりました。その後，さらに細かく分類，そして分析が進んでいって，原子核，さらには素粒子にまで至っています。

研究対象の分類，分析が進むと，その学問分野もそれに応じて細分化されていきました。それが2つ目の that 節の内容です。it は science を指しています。fracture「砕ける，ばらばらになる」。microdiscipline の micro は「微細な」という意味の接頭辞です。discipline「学科，学問分野」。microdiscipline で「細か

い専門分野」という意味になります。

　2つ目の that 節の内容は1つ目の that 節の内容の結果生じたことだということがわかります。訳では「細分化」という言葉を使ったので，microdisciplines を「小さな専門分野」としました。

　「科学には分析が必要で，そのため科学が小さな専門分野に細分化されたのは間違いない。」

○第2文

　But because of this, more than ever, it requires synthesis.

　this が指しているのは第1文の内容です。ever は「時間全体を通して」を意味します。ここでは，「今までの時間全体を通して」という意味で使われています。したがって，more than ever で「今まで以上に」という意味になります。it は science を指しています。synthesis は analysis の対義語で「総合」という意味です。

　「しかしそれゆえ，これまで以上に科学には総合が必要なのである。」

○第3文

　Science is about connections.

　connection「つなぐこと」。about の基本的意味は「周辺」で，そこから「〜に関して」という意味になります（本冊 p.124参照）。ここでは「〜を扱う」という意味です。「科学はつなぐことを扱う」ということです。

　「科学はつなぐ学問である。」

○下線部（第4文）

　Nature no more obeys the territorial divisions of scientific academic disciplines than do continents appear from space to be colored to reflect the national divisions of their human inhabitants.

　全体は no more 〜 than …「…ないのと同様〜ない」の，いわゆるクジラの構文です。主節の主語は Nature，動詞は obeys。obey 〜「〜に従う」。目的語にあたるものは the territorial divisions of scientific academic disciplines。territorial「領域的な」。division「分割，区分」。academic「学問の」。no more を省いた主節の内容は「自然は科学の学科領域の区分に従う」ということです。

　従属節は SV が倒置されて疑問文の語順になっており，主語の前に do が置かれています。これは than VS という昔の形のなごりで，大きな意味はありませ

ん。従属節の主語は continents 。continent「大陸」。appear to ～「～に見える」。本文では appear と to の間に from space が入っています。space「宇宙」。つまり，「宇宙から～に見える」ということです。color ～「～に色をつける」。reflect ～「～を映す，反映する」。

national「国の」。national division で「国境による分割」のことです。their は continents を指しています。human「人間の」。inhabitant「ある場所に住む［棲む］人［動物］」。従属節の内容は「宇宙から見れば，大陸はそこに暮らしている人間によって引かれた国境による分割を表すように色をつけられているように見える」ということです。

no more ～ than … の意味から，主節の内容と従属節の内容が同じ程度であることになります。

「自然が科学の学科領域の区分に従う」程度	＝	「宇宙から見れば，大陸がそこに暮らしている人間によって引かれた国境による分割を表すように色をつけられているように見える」程度

ここで常識の登場です！　上の右辺，つまり「宇宙から見れば，大陸が～色をつけられているように見える」程度はゼロというのは常識です。宇宙船から撮った地球の写真が小学生などが見る世界地図のように国ごとに色分けされているなんてありえないですよね。

ということは，それと程度が同じである左辺の内容，すなわち「自然が科学の学科領域の区分に従う」程度もゼロということになります。

人間はたとえばセキツイ動物を魚類，両生類，爬虫類，鳥類，哺乳類などと分けていますが，自然界には実はそんな区別はなく，「自然」という一つの連続体が存在するだけです(本冊 p.9参照)。だから，たまにカモノハシのようなどう分類してよいかわからないものが見つかると，扱いに困ってしまうのです。

したがって，正解は冒頭にあげたものになります。

●全訳

　科学には分析が必要で，そのため科学が小さな専門分野に細分化されたのは間違いない。しかしそれゆえ，これまで以上に科学には総合が必要なのである。科学はつなぐ学問である。宇宙から見れば，大陸がそこに暮らしてい

る人間によって引かれた国境による分割を表すように色分けされていないのと同じように，自然は科学の学科領域の区分には従っていないのである。

Chapter 13 仮定法

Exercise 16 ▶▶▶

(1) **If he had taken that bus yesterday, he would not be alive.**
   If he had been on that bus yesterday, he would be dead.

　　従属節の内容は「昨日」とある通り，過去のことです。よって仮定法過去完了を使います。一方，主節は現在の非現実なので，仮定法過去を使います。このように主節と従属節で仮定法の時制が一致しないことはよくあることです。

　　「生きている」は be alive 。「生きている」と「死んでいる」はその他の可能性のない現象，すなわち二者択一です。このような場合，和文英訳では，一方の表現がわからなければもう一方を否定することで表せます。すなわち，「生きている」は「死んでいない」と表現できます。したがって，その否定である「生きていない」は be dead「死んでいる」とすることもできます。

　　「バスに乗る」は，

　　　take a bus, catch a bus, be on a bus, ride a bus, ride on a bus
　　　get on a bus(この表現は「バスに乗り込む」動作を表します。)
　　など，いろいろな表現が考えられます。

(2) **He looks as if he had seen a ghost.**

　　「顔をしている」のは現在の事実で，ここは look を使って直説法現在で表します。「まるで幽霊を見たかのような」は過去の非現実なので，仮定法過去完了を使います。「幽霊」は ghost です。ghost が可算名詞で a をつけなければならないということを，辞書でしっかり確認してから書くようにしましょう。

Exercise17 ▶▶▶

●正解

> もし彼がそこにいたら，彼は母親が彼にしてほしかったことができていた
> だろう。

この文は文の要素に分解すると以下のようになります。

He <u>could have done</u> <u>what his mother wanted him to do</u> 〈had he been there〉.
　S　　　V　　　　　　　　　　O　　　　　　　　　　　　　（副）

what 節内では want O to ～「O に～してほしい」（本冊 p.34参照）が使われて
います。この文がやや難しいのは，if he had been there の if を省略して SV を倒
置した had he been there が文末に置かれているからです。これが文頭に置かれ
て，主節との間にカンマがついていればわかりやすいのですが，文末に置かれる
場合このようにカンマがないのがふつうです。この文のように SV を倒置した if
節の代用表現が文末に置かれることはよくあるので，覚えておいてください。

Chapter **14** 前置詞

Exercise18 ▶▶▶

⑴　**with**
　　「～を持っている」という意味です。

⑵　**by**
　　「～までに」という意味です。

⑶　**at**
　　point は点です。

⑷　**with**
　　knife は道具です。

⑸　**by**
　　差の by です。

(6) **To**

my regret に到達するという意味です。

(7) **at**

どなるのは言葉をぶつけることなので，「～をめがけて」という標的の意味です。

(8) **for**

比較の意味です。

(9) **to**

到達点の to です。

(10) **in**

時の経過は in です。

(11) **of**

[of ＋抽象名詞] ＝形容詞です。

(12) **with**

付帯状況の with です。

(13) **with**

原因の意味です。

(14) **in**

順序は状態です。

(15) **on**

日は on です。

(16) **in**

着用は in です。

(17) **to**

一致は to です。

(18) **for**

交換・代理は for です。

⑲ **through**

貫通は through です。

⑳ **from**

原料は from です。

Chapter **15** 助動詞

Exercise19 ▶▶▶

⑴ **He may [might] have seen my mother yesterday.**

過去の推量で，may［might］have pp「～したかもしれない」を使います。
seen のかわりに met も使えます。

⑵ **Shall I stay here with you?**

Shall I ～?「～しましょうか」を使います。stay のかわりに be も使えます。

⑶ **Since she left early this morning, she should [ought to] have arrived in Yamagata by now.**

should［ought to］have pp「～しているはずだ」。Since のかわりに As も使えます。because 節は原則として新情報（聞き手にとって初めての情報）を理由として示すときに使い，新情報は文の後ろのほうに置かれる傾向があるので，because 節を文頭に置くのは避けたほうがよいでしょう（本冊 p.183参照）。by は「～までに」（本冊 p.128参照）。

⑷ **He cannot be here.**

cannot ～「～であるはずがない」。ほぼあらゆる動詞が状態性と動作性の両方をそれぞれの割合で持っています（本冊 p.92参照）。cannot が「～であるはずがない」という意味になるには，be 動詞のような状態性の強い動詞でなければなりません。stay は動作性が強く，cannot とともに使うと「～できない」の意味になってしまいます。

⑸ **You should have gone to see her.**

should have pp「～すべきだったのに」を使います。

Chapter **16** 代名詞

Exercise20 ▶▶▶

「ここに～がある」は Here are ～。「そのうちの 1 本」は one of them 。「もう 1 本」は残り 2 本のうちのどちらでもよく，1 つに決まらないので another を使います。問題文には「食べ」と「食べます」の 2 つの eat にあたる動詞が出ていますが，1 つにまとめたほうがスッキリするでしょう。

　よって正解は，次のようになります。

●正解

Here are three bananas. I will eat one of them after lunch and another after dinner.

Chapter **17** 否定

Exercise21 ▶▶▶

⑴ **彼女は自分が何をやったのかまったくわかっていなかった。**

　　She 〈little〉 knew 〔what she had done〕．

　　 S　　　　V　　　　　O

　　V の前に little が来ると「まったく～ない」という意味になります。what 節の中の動詞が過去完了形になっているのは大過去だからです（本冊 p.95参照）。

⑵ **学生たちがみなフランス語を勉強したわけではない。他の言語を選択した者もいた。**

　　1 文ずつ見ていきます。

○第 1 文

　　　All of the students did not study French.

　　　　　　S　　　　　　V　　　　 O

この文だけだと All と not が離れているので，全否定「すべてが～ない」なのか部分否定「すべてが～なわけではない」なのか決定的な判断はできません。しかし第2文を読めば部分否定であることが明らかになります。書き手の側としては，部分否定であることを1文のみで明確にしたいのならば，次のように not を all の直前に持ってきて修飾関係を明確にしたほうがいいでしょう。

Not all of the students studied French.

○第2文

　　Some chose other languages.
　　　S　　V　　　O

　Some は Some of the students の of 以下が省略されたものです。Some が明確に数人の人間を表しているのが明らかな場合は「何人か」などと訳してもよいですが，何百人，あるいは何千人，何万人かもしれない場合は，「～者もいた」などとすればよいでしょう。

(3) **He seldom [rarely] drinks coffee.**

　「めったに～ない」は seldom か rarely を使います。また，問題文は習慣を表しているので，動作動詞の現在形を使います(本冊 p.91参照)。

(4) **Neither of that couple likes drinking [alcohol].**

　「どちらも～ない」は neither を使います。「夫婦」は couple です。married couple としなくても，couple だけでふつうは「夫婦」を表します。drink は目的語をつけずに自動詞で使うと「酒を飲む」の意味になります。likes の目的語にあたるものは drinking alcohol としてもよいし，to drink や to drink alcohol のように to 不定詞にすることも可能です。